AF568822

LINDA FINKE

WEIL DU EIN WERTVOLLES MÄDCHEN BIST

EIN MAGISCHES KINDERBUCH MIT INSPIRIERENDEN BILDERN UND GESCHICHTEN ÜBER SELBSTLIEBE, SELBSTVERTRAUEN UND MUT

INHALT

Ein paar Worte zu Anfang

Hallo, du!

Es ist schön, dass du dieses Buch in den Händen hältst, und bestimmt freust du dich schon sehr darauf, es zu lesen. Bevor es losgeht, möchte ich aber noch kurz ein paar Worte persönlich an dich richten.

In diesem Buch lernst du mutige und selbstbewusste Mädchen kennen und erlebst mit ihnen acht spannende Geschichten. Wenn du die Worte „mutig“ und „selbstbewusst“ hörst, denkst du vielleicht: Es geht um Mädchen, die niemals Angst haben, die alles mitmachen und die so sind, wie andere es von ihnen erwarten.

Viele denken das. Aber mutig und selbstbewusst zu sein, heißt etwas ganz anderes. Es heißt, dass du zu dir selbst stehst, deine eigene Meinung hast und dein Leben so lebst, wie du selbst es möchtest. Das ist oft gar nicht so leicht, denn es gibt viele kleine und große Herausforderungen im Leben, und es gibt leider auch Menschen, die andere schlechtmachen, nur weil sie anders sind. Davon darfst du dich nicht aus der Bahn werfen lassen und auch nicht beeinflussen lassen. Aber wie geht das? Das Zauberwort heißt „innere Stärke". Und genau darum geht es in diesen acht Geschichten.

Oft muss man für sich selbst stark sein, manchmal aber auch für andere. Und manchmal braucht man selbst auch jemanden, der einem hilft, an die eigene innere Stärke zu glauben.

Es gibt Momente, in denen man sich schwach fühlt, an sich zweifelt und denkt, dass man einfach nicht gut genug ist. Jeder hat mal diese Momente, du sicher auch. Aber du bist wertvoll und einzigartig, und zwar genauso, wie du bist. Und genau darin liegt deine innere Stärke. Genau dort findest du Mut und Selbstbewusstsein: in dir selbst.

In den Geschichten geht es aber nicht nur um Mut und Selbstbewusstsein, sondern auch darum, wie wichtig Freundschaft und Zusammenhalt sind. Gemeinsam ist man noch viel stärker, denn man kann sich gegenseitig beschützen und sich aufmuntern, wenn einer mal durchhängt und nicht weiterweiß.

Die Mädchen in den Geschichten, ihre Freunde, ihre Familien und manchmal auch ihre Lehrer zeigen dir: Für jede kleine und größere Schwierigkeit gibt es eine gute Lösung, wenn du an dich glaubst, gelassen bleibst und das Leben auch mal mit Humor nimmst. In den Geschichten geht es aber auch um gegenseitigen Respekt und einen friedvollen Umgang miteinander. Denn jeder Mensch und jedes

Lebewesen ist wertvoll und einzigartig und verdient es, gut behandelt zu werden. Und noch etwas Wichtiges erfährst du in diesem Buch: Dass du das Glück manchmal dort findest, wo du es gar nicht erwartet hast, oder dass es die ganze Zeit schon bei dir ist, ohne dass du es bemerkt hast. Aber vor allem zeigen dir die mutigen und selbstbewussten Mädchen in diesem Buch, wie wichtig es ist, dass du immer du selbst bleibst und deinen eigenen Weg gehst.

Mehr will ich nun aber nicht vorwegnehmen. Die spannenden Geschichten möchten auch nicht länger darauf warten, endlich von dir gelesen zu werden. Und du möchtest bestimmt auch nicht länger warten. Ich wünsche dir viel Spaß beim Lesen!

Denn neben den wertvollen Botschaften geht es vor allem darum, dass du Freude an den Geschichten hast. Lies sie, wann immer du magst, und in deinem eigenen Tempo. Es sind deine Geschichten, es ist dein Buch. Wenn du selbst noch nicht so gut lesen kannst, lass dir die Geschichten von deinen Eltern, großen Geschwistern oder Großeltern vorlesen. Sie werden bestimmt auch noch viel daraus lernen.

Wenn du schon gut lesen kannst, dann kannst du die Geschichten ja deiner Familie oder auch deinen Freunden vorlesen oder ihnen erzählen, was du gelesen hast. Natürlich nur, wenn du das möchtest.
So, jetzt habe ich aber wirklich genug gesagt. Nun geht es endlich los mit den Geschichten!

Ärger am Gartenzaun

Leonie ist neun Jahre alt und wohnt mit ihren Eltern in einem schönen kleinen Haus mit einem hübschen Garten. Es ist ein großer Garten mit vielen alten Bäumen und einer Wiese mit hohem Gras, wo im Frühling und Sommer viele bunte Blumen blühen. Leonie liebt den Garten und verbringt viel Zeit dort. Bei warmem Wetter liegt sie am liebsten auf einer Decke auf der Wiese und liest Bücher. Sie beobachtet auch gern die Schmetterlinge, Bienen und

Hummeln auf den Blumen. Leonie hilft ihrer Mama und ihrem Papa bei der Pflege des Gartens. Das macht ihr viel Freude. Im Garten sind auch zwei große Apfelbäume, ein Kirschbaum, zwei Himbeersträucher und ein Erdbeerbeet. So hat die Familie frisches Obst direkt vor der eigenen Tür. Leonie hilft gern bei der Ernte. Das hat sie auch schon gemacht, als sie noch klein war.

Bei dem ganzen Obst sind im Garten aber auch manchmal Wespen zu Besuch. Auch das war schon so, als Leonie noch klein war. Einmal ist es leider passiert, dass Leonie von einer Wespe gestochen wurde. Sie war damals fünf Jahre alt und wollte gerade einen Apfel aufsammeln, der auf der Wiese gelegen hat. Sie hat nicht gesehen, dass eine Wespe an dem Apfel gesessen hat. Als Leonie nach dem Apfel gegriffen hat, hat sie plötzlich einen großen Schmerz in der Hand gefühlt und die Wespe gesehen. Leonie hat laut geschrien und geweint. Mama und Papa haben sie getröstet und eine aufgeschnittene Zwiebel auf den Wespenstich gelegt. Dann haben sie ihr erklärt, dass sie immer erst schauen muss, ob eine Wespe an dem Obst sitzt, bevor sie es anfasst. Am nächsten Tag war der Schmerz schon weg und die Hand war nicht mehr geschwollen. Leonie wollte gleich wieder bei der Ernte helfen. Aber da war wieder eine Wespe. Leonie ist sofort schreiend weggelaufen, als sie die Wespe gesehen hat. Sie hatte schreckliche Angst, wieder gestochen zu werden.

Dummerweise haben das die beiden Jungen, die im Haus nebenan wohnen, gesehen und gehört. Sie waren auch gerade im Garten. Einer der Jungen ist zwei Monate älter als Leonie. Er heißt Daniel. Sein Bruder Dennis ist ein Jahr jünger. Beide sind sehr frech und haben Leonie schon immer gern geärgert. Als die beiden Jungen mitbekommen haben, wie Leonie vor der Wespe geflüchtet ist, haben sie laut gelacht. „Was ist denn mit der kleinen Leonie los?“, hat

Daniel mit gespieltem Bedauern zu Leonies Eltern herübergerufen. „Sie wurde gestern von einer Wespe gestochen“, hat Leonies Mama erklärt. Da haben die beiden Jungen noch mehr gelacht. Dennis hat gerufen: „Oh nein, arme kleine Leonie, das ist ja schrecklich! Wie hast du das bloß überlebt?“ Leonie hat sich sehr über Dennis und Daniel geärgert und es war ihr sehr peinlich, dass ausgerechnet die blöden Nachbarjungen sie beim Weglaufen gesehen hatten.

Am Abend hat sie zu Mama und Papa gesagt: „Ich will keine Angst vor Wespen haben. Ich liebe doch den Garten und helfe so gern mit dem Obst. Und ich will auch nicht, dass die blöden Jungen über mich lachen.“ Papa hat tröstend zu ihr gesagt: „Das mit der Angst hört bestimmt bald wieder auf. Das ist jetzt nur, weil es gerade erst gestern passiert ist. Und die Nachbarjungen vergessen das bestimmt bald wieder und lachen nicht mehr.“ Leider hatte er nicht recht, jedenfalls nicht ganz. Leonies Angst ist zwar nach ein paar Wochen weniger geworden, aber die Jungen haben sie immer mehr ausgelacht und geärgert. Und so ist es leider bis heute geblieben, obwohl das schon vier Jahre her ist.

Dennis und Daniel nutzen immer noch jede Gelegenheit, um sich über Leonie lustig zu machen. Leider sind sie auch häufig im Garten, wenn Leonie bei sich im Garten ist. Dann rufen sie herüber: „Oh, kleine Leonie, pass auf! Da ist eine große Wespe!“ Und dazu lachen sie ganz gemein. Sie laufen auch oft mit ausgebreiteten Armen ganz albern durch ihren Garten und machen dabei „Bzzz, bzzz“. Einmal ruft Leonie wütend: „Wie alt seid ihr eigentlich? Drei Jahre?“ Aber die Jungen machen sich nur noch mehr über sie lustig. Leonie ist genervt. Sie will ihre Ruhe haben in ihrem schönen Garten. In den Sommerferien haben Dennis und Daniel sie sogar ein paarmal mit dem Gartenschlauch nassgespritzt, als sie auf der Wiese gelegen und gelesen hat. Besonders schlimm daran ist, dass Leonies geliebte Bücher dabei nass geworden sind und jetzt gar nicht mehr schön aussehen. „Wie kann man nur so gemein sein?“, denkt Leonie oft. Sie mag schon gar nicht mehr in ihren schönen Garten gehen. Manchmal bleibt sie in ihrem Zimmer, obwohl draußen die Sonne scheint. Sie hat zum Glück viele Freunde, die sie besuchen kann und die auch Gärten haben. Aber das ist nicht das Gleiche.

Leonie will ihren Garten und ihre Ruhe zurückhaben. Sie ist traurig und wütend. Zu ihren Eltern sagt sie: „Das geht so nicht weiter. Die müssen damit aufhören.“ Mama gibt ihr einen Rat: „Beachte die beiden doch gar nicht. Dann hören die bestimmt bald von selbst auf. Tu so, als ob die beiden Luft sind. Wenn sie Luft sind, ist es egal, was sie machen und sagen, denn Luft hört man nicht und sieht man nicht.“ Das hört sich zwar ziemlich klug an, aber

Leonie sieht da ein Problem: „Luft sagt und tut aber wirklich nichts. Luft macht auch nicht meine Bücher kaputt. Daniel und Dennis schon!“ Papa gibt ihr recht. Das mit dem Gartenschlauch war zuviel. Am nächsten Tag wird er mit den Eltern von Dennis und Daniel reden.

Als Papa nach dem Gespräch zurückkommt, hat er einen ganz komischen Gesichtsausdruck. Er sieht aus, als ob er gleichzeitig lachen und weinen möchte. „Was haben die gesagt?“, fragt Leonie aufgeregt. Papa antwortet: „Sie haben gelacht. Und dann haben sie gesagt: ‚Wir können es ja versuchen, aber wir können Ihnen nicht versprechen, dass die Jungs damit aufhören!‘ Einfach unglaublich, diese Nachbarn.“ Leonie nimmt ihren Papa liebevoll in die Arme und sagt: „Danke, Papa, dass du es versucht hast. Vielleicht hat Mama ja recht und die hören irgendwann von selbst auf.“ Leonie sagt das zwar, aber sie glaubt es nicht wirklich. „Wäre ich doch bloß damals nicht vor dieser Wespe weggelaufen", denkt sie ärgerlich. Aber das ändert jetzt auch nichts mehr, geschehen ist geschehen. Wenigstens kommen in der nächsten Zeit keine Gartenschlauch-Attentate mehr. Aber blöde Sprüche und Gelächter kommen immer noch über den Gartenzaun.

Dummerweise gehen die beiden Jungen auf die gleiche Schule wie Leonie, zum Glück aber nicht in ihre Klasse. Leonie ist in der 4a und Daniel in der 4c. Dennis geht erst in die dritte Klasse. Im Unterricht hat Leonie also ihre Ruhe. Aber in den Pausen auf dem Schulhof, da sind Dennis und Daniel und machen auch dort ihre blöden Witze. Leonie hat in ihrer Klasse viele Freunde, die zu ihr sagen: „Lass die doch einfach, die haben eben nichts im Kopf. Die müssen solchen Quatsch machen, weil sie sonst nichts können. Vergiss die einfach." Leonie sagt verzweifelt: „Wie soll ich die vergessen, wenn die direkt neben mir wohnen?"

Inzwischen ist es Herbst geworden. Das Wetter ist nicht mehr so schön und so ist Leonie nicht mehr so oft draußen. Drinnen in ihrem Zimmer können die blöden Jungen von nebenan sie zum Glück nicht ärgern. Auf dem Schulhof schafft sie es inzwischen tatsächlich, die beiden nicht mehr zu beachten. Ihre Freunde helfen ihr dabei. Aber Leonie ist immer noch traurig und wütend, wenn sie an die Gemeinheiten von Dennis und Daniel denkt. Die beiden haben ihr fast den ganzen Sommer und drei ihrer schönen Bücher kaputtgemacht. Nur die zwei Wochen, in denen die beiden Jungen mit ihren Eltern im Urlaub waren, konnte Leonie wirklich genießen.

Heute ist Mittwoch, da hat Leonie am Nachmittag immer Handballtraining. Sie geht zu Fuß dahin, die Sporthalle ist nicht weit von zu Hause. Draußen ist es schon kühl und heute regnet es auch noch. „Wie ungemütlich!", denkt Leonie und macht schnell ihre Jacke zu.

Am Ende der Straße ist ein kleiner Spielplatz. Als Leonie dort vorbeigeht, sieht sie, dass Daniel auf einer Schaukel sitzt. „Hoffentlich bemerkt der mich nicht, ich will nicht schon wieder blöde Sprüche hören!“, denkt Leonie. Aber Daniel scheint sie gar nicht zu sehen. Er sitzt auf der Schaukel, ohne zu schaukeln und starrt vor sich hin. Sonst ist niemand auf dem Spielplatz. Kein Wunder bei dem Wetter. „Komisch“, denkt Leonie, „warum sitzt der bei Regen auf dem Spielplatz herum?“ Aber dann denkt sie nicht mehr daran und freut sich einfach, dass er sie nicht bemerkt hat.

Nach dem Training geht Leonie zurück nach Hause. Es wird gleich dunkel und es regnet immer noch. Auf dem Nachhauseweg muss sie wieder an dem Spielplatz vorbeigehen. Jetzt denkt sie an vorhin und hofft, dass Daniel inzwischen weg ist. Aber nein, er ist noch da. Er sitzt immer noch auf der Schaukel, genau wie vorhin. Diesmal sieht er Leonie und er sieht auch, dass sie zu ihm herüberschaut. Leonie macht sich auf einen Spruch gefasst, doch Daniel bleibt still. „Das ist jetzt echt komisch“, denkt Leonie und hat ein schlechtes Gefühl.

Eigentlich würde sie den Jungen gern fragen, warum er da sitzt und was mit ihm los ist. Er sieht ziemlich betrübt aus. Aber es ist Daniel, einer der gemeinen Jungen von nebenan. Leonie geht langsam weiter und überlegt: „Was ist, wenn er echt ein Problem hat? Vielleicht braucht er Hilfe. Aber vielleicht wartet er auch nur darauf, mich wieder zu ärgern.“

Als sie schon fast am Spielplatz vorbei ist, bleibt sie stehen und sieht sich um. Daniel schaut in ihre Richtung. Irgendwie sieht sein Blick hilfesuchend aus. „Na los, Leonie, er wird dich schon nicht beißen“, sagt Leonie still zu sich selbst. Langsam geht sie zurück zur Pforte des Spielplatzes. Daniel bleibt weiter still und schaut sie an. „Irgendwie gruselig“, denkt Leonie jetzt und zögert. Aber umkehren will sie auch nicht, also geht sie zur Schaukel, wo Daniel sitzt.

Sie fragt in ruhigem Ton: „Warum sitzt du hier bei Regen allein auf der Schaukel? Ist was passiert?“ Daniel guckt nur erstaunt und antwortet nicht gleich. Dann sagt er: „Ach, lass mal. Ich möchte nicht drüber reden.“ Jetzt macht sich Leonie langsam echt Sorgen. Sie fragt: „Willst du nicht nach Hause gehen? Du erkältest dich doch hier.“ Daniel zuckt nur mit den Schultern und sagt leise: „Nein, will ich nicht. Ich kann nicht nach Hause.“ „Warum kannst du nicht nach Hause?“, fragt Leonie erschrocken.

Daniel zögert. Es ist ihm sichtlich unangenehm, mit Leonie über seine Probleme zu reden. Aber dann erzählt er doch: „Heute hat mein Klassenlehrer mir gesagt, dass ich die vierte Klasse wiederholen muss, wenn meine Noten weiter so schlecht sind.

Ich kann nie mehr nach Hause. Ich kann meinen Eltern das nicht sagen. Sie würden furchtbar wütend sein!“ Leonie setzt sich neben Daniel auf die andere Schaukel.

Der Junge spricht weiter: „Ich bin so schlecht in der Schule, schon lange. Ich weiß nicht, warum. Ich lerne, aber dann weiß ich trotzdem nichts. Meine letzten Klassenarbeiten und Tests waren alle nur Fünfen! Wirklich in allen Fächern!“ Leonie sagt ruhig: „Aber du musst deinen Eltern das doch erzählen. Sie werden dir bestimmt nicht den Kopf abreißen. Sie können dir doch auch helfen. Auf jeden Fall kannst du hier nicht für immer auf der Schaukel sitzen bleiben. Es ist kalt, du bist ganz durchnässt und es ist schon fast dunkel. Komm jetzt, wir gehen nach Hause.“ „Nein“, sagt Daniel. Er sieht aus, als ob er gleich weint. „Ich habe zu große Angst, dass ich Ärger bekomme.“

Leonie überlegt einen Moment. Dann sagt sie: „Du musst es deinen Eltern ja jetzt auch noch nicht sagen. Du kannst ja abwarten, bis es wirklich feststeht. Aber so weit wird es bestimmt nicht kommen. Es ist doch noch viel Zeit bis zum Ende des Schuljahres. Wenn du ab jetzt besser wirst, schaffst du es bestimmt noch und musst nicht wiederholen."

Daniel schüttelt den Kopf: „Wie soll ich das schaffen?" Auch dafür hat Leonie eine Idee: „Ich helfe dir. Ich bin sehr gut in allen Fächern. Wir lernen einfach zusammen, dann klappt das schon. Natürlich nur, wenn du willst." Daniel schaut Leonie mit großen Augen an: „Du willst mit mir zusammen lernen und mir helfen? Warum? Ich und mein Bruder haben dich doch immer so viel geärgert!" Leonie sagt: „Weil du Hilfe brauchst und ich dir helfen kann. Es ist wichtig, anderen zu helfen, wenn man es kann." Dann fügt sie an: „Aber unter einer Bedingung. Du und Dennis, ihr ärgert mich nicht mehr. Abgemacht?"

Daniel sieht sehr erleichtert und sehr erstaunt aus. „Abgemacht!“, sagt er glücklich. Dann wird sein Gesicht sehr ernst: „Du, Leonie, ich will dir noch was sagen. Ich möchte mich bei dir entschuldigen. Und ich werde auch Dennis sagen, dass er sich bei dir entschuldigen soll. Du bist echt nett und wir waren so doof zu dir. Das war nicht fair. Tut mir echt leid!“ Leonie hat ihren ganzen Ärger über die beiden Jungen schon fast vergessen. Sie sagt lachend: „Entschuldigung angenommen. Und jetzt lass uns endlich nach Hause gehen, es ist kalt!“

Ab jetzt lernen Daniel und Leonie jeden Nachmittag zusammen. Dennis entschuldigt sich auch und die beiden Jungen ärgern Leonie wirklich nie mehr. Daniel und Leonie werden sogar gute Freunde. Leonie freut sich auf den Sommer in ihrem Garten. Daniels Noten werden tatsächlich besser. Nach den Sommerferien gehen er und Leonie auf dieselbe Gesamtschule. „Hilfst du mir da auch beim Lernen?“, fragt Daniel hoffnungsvoll. „Klar“, sagt Leonie, „du kannst dich auf mich verlassen, wir halten jetzt zusammen!“

Ein verspätetes Weihnachtsgeschenk

Mara ist acht Jahre alt und geht in die dritte Klasse. Aber sie mag die Schule nicht so gern. Mara ist gut in allen Fächern und die Lehrer sind auch nett.

Trotzdem gibt es ein Problem, und das sind ihre Mitschüler, jedenfalls die meisten von ihnen. Die anderen Kinder in der Klasse wohnen alle in großen Häusern, haben immer die neuesten Sachen und ihre Eltern fahren teure Autos.

Die meisten von Maras Mitschülern finden, dass es wichtig ist, Markenkleidung zu tragen und allen zu zeigen, wie viel Geld man hat. Mara hat keine teuren Sachen, wohnt nicht in einem Haus und ihre Eltern haben auch kein Auto. Viele Kinder aus ihrer Klasse ärgern sie deswegen, machen blöde Sprüche und lachen sie aus. Sie wollen nicht mit einem Mädchen befreundet sein, das nicht so viel Geld hat wie sie.

Maras Eltern haben wenig Geld, obwohl sie viel arbeiten. Deshalb wohnt Maras Familie in einer gemieteten Wohnung in einer ziemlich grauen Wohnanlage. Von außen sind die Häuser wirklich nicht so schön, aber Maras Wohnung ist gemütlich und farbenfroh. Es gibt ein Wohnzimmer, ein Kinderzimmer, ein Schlafzimmer für die Eltern und natürlich eine Küche und ein Badezimmer.

Sogar einen kleinen Balkon hat die Wohnung. Das Kinderzimmer muss Mara sich mit ihrer kleinen Schwester Fenja teilen, aber das findet sie nicht schlimm. Mara liebt ihre kleine Schwester und Fenja liebt Mara genauso. Fenja ist erst fünf Jahre alt und geht noch in den Kindergarten. Aber sie kann schon viel und ist sehr klug. Die beiden Schwestern spielen viel zusammen und lesen gemeinsam Bücher.

Oft liest Mara ihrer kleinen Schwester die Bücher noch vor, aber Fenja kann auch schon selbst ein bisschen lesen. Mara findet es auch nicht schlimm, dass sie nicht in einem Haus wohnt und keine teuren Sachen hat. Für sie ist das nicht wichtig. Sie liebt ihre Eltern und ihre kleine Schwester und alle vier sind zusammen glücklich. „Das ist es, was zählt!“, findet Mara.

Mara ist aber oft traurig, weil die anderen Kinder so gemein zu ihr sind. Im Kindergarten war das nicht so, doch in der Schule hat es schon in der ersten Klasse angefangen. Mara hat damals nach der Schule oft geweint und ihre Eltern gefragt: „Warum ist es wichtig, teure Sachen zu haben und viel Geld zu haben? Sind wir weniger wert, weil wir nicht soviel Geld haben wie die anderen?“ Ihre Eltern haben sie getröstet und ihr erklärt: „Nein, liebe Mara, wir sind genauso viel wert wie die anderen. Jeder Mensch hat den gleichen Wert.

Es ist nicht wichtig, welche Sachen man hat oder wie viel Geld man hat. Es ist auch nicht wichtig, wie man aussieht, woher man kommt oder woran man glaubt. Alle Menschen sind gleich.“ Mara hat gefragt: „Aber warum sind die dann so gemein zu mir und sagen so böse Sachen und lachen über mich?“ Da haben Maras Eltern nur traurig gesagt: „Weil es leider Menschen gibt, die so sind. Aber du darfst nicht auf die hören. Wir wissen, es tut weh, was die sagen. Aber die können dir nur wehtun, wenn du auf sie hörst. Tu einfach so, als ob die gar nicht da sind.“

Seitdem hat Mara versucht, nicht mehr hinzuhören, wenn die anderen Kinder sie ausgelacht und beleidigt haben. Mit der Zeit hat das auch ganz gut geklappt. Aber es nervt sie immer noch, wie blöd die anderen sind. Es ist einfach nicht schön, mit solchen Kindern in einer Klasse zu sein. Fast alle Mädchen und Jungen in der Klasse sind so. Ein paar machen zwar nicht mit, aber sie sagen auch nichts dagegen.

Zum Glück ist Maras beste Freundin Emily auch in der Klasse. Die beiden Mädchen halten immer zusammen, seitdem sie sich als ganz kleine Kinder auf einem Spielplatz kennengelernt haben. Sie haben sich sofort angefreundet und sind seitdem unzertrennlich.

Emily wohnt in einem Haus mit Garten, ganz in der Nähe von Mara. Das Haus ist zwar schön, aber sehr klein. Auch der Garten ist nicht groß, bietet aber genug Platz zum Spielen für Emily und Mara. Fenja ist auch oft mit dabei, genauso wie Emilys kleiner Bruder Tony. Zusammen spielen die vier Kinder am liebsten Federball oder Fußball auf dem Rasen. Tony ist genauso alt wie Fenja und die beiden sind sehr gute Freunde. Die Eltern von Emily und Tony sind zwar nicht reich, aber sie haben genügend Geld.

Trotzdem tragen Emily und Tony keine Markenkleidung und haben auch keine anderen teuren Sachen. Ein Auto hatte die Familie zwar mal, aber es ist schon lange kaputt. „Wozu brauchen wir ein Auto, wenn wir unsere Fahrräder haben?“, hat Emilys

Papa gesagt. Und Mama hat ihm zugestimmt: „Autofahren ist sowieso nicht gut für die Umwelt.“ Was andere über sie denken, macht ihnen nichts aus. Alle in der Familie finden es doof, wie andere Leute mit ihrem Geld angeben. Für Emily, Tony und ihre Eltern sind Freundschaft und Liebe wichtiger als Geld.

In der Schule wird Emily von den anderen Kindern auch geärgert. Die anderen denken nämlich, dass Emily auch kein Geld hat, weil sie keine teuren Sachen hat und mit Mara befreundet ist. Aber Emily war es von Anfang an egal, ob sie ausgelacht wird. Sie hat nur einmal gesagt: „Denkt doch, was ihr wollt. Es stört mich nicht.“ Dabei hat sie gelächelt und war sehr ruhig.

Mara bewundert ihre beste Freundin dafür. Sie wäre auch gern so gelassen und würde die ganzen Gemeinheiten an sich abprallen lassen.

Heute ist der erste Schultag nach den Weihnachtsferien. Mara und Emily fahren mit dem Bus, wie sie es oft im Winter machen. Zum Glück sind es nur neun Minuten bis zur Stadtmitte, wo die Schule ist. Der Bus ist voll, aber das ist an diesem Tag noch besser, als den Weg zu Fuß zu gehen oder mit dem Fahrrad zu fahren.

Draußen ist es nämlich nicht nur kalt, sondern es regnet auch in Strömen. Von der Bushaltestelle ist es nur ein kurzes Stück bis zum Eingang der Schule. Aber das reicht, um sehr nass zu werden. Die anderen Kinder werden natürlich alle mit den großen teuren Autos der Eltern bis vor die Tür gefahren.

Einige kichern, als sie Mara und Emily sehen. Ein Mädchen sagt: „Oh nein, musstet ihr wieder mit euren Klamotten baden, weil eure Eltern sich keine Waschmaschine leisten können?“ Die anderen finden diesen blöden Spruch wohl lustig, denn sie lachen. Mara ist wütend und möchte etwas Passendes sagen, um sich zu verteidigen. Aber Emily stößt sie an und flüstert ihr zu: „Sag nichts, die wollen doch nur, dass wir uns aufregen." Emily hat recht, das weiß Mara.

Der Lehrer ist noch nicht da. Es sind noch zehn Minuten, bis der Unterricht anfängt. Die anderen Kinder nutzen die Wartezeit, um sich zu erzählen, was sie alles zu Weihnachten bekommen haben. Alle haben neue Markenkleidung bekommen, die sie natürlich heute auch gleich stolz zeigen. Aber die meisten haben auch noch andere Sachen bekommen: neue Handys, Computer, Spielekonsolen und Ähnliches. Mara und Emily haben natürlich auch etwas zu Weihnachten bekommen, aber viel schönere Sachen, wie sie finden.

Beide haben spannende Bücher und schöne Malstifte bekommen und sich darüber sehr gefreut.

Mehr haben sie sich nicht gewünscht. Mara ist besonders dankbar, weil sie weiß, wie hart ihre Mama und ihr Papa für das Geld arbeiten müssen. Emily und Mara erzählen den anderen Kindern in der Klasse aber nicht, was sie geschenkt bekommen haben. Die würden es sowieso nicht verstehen.

Die beiden Freundinnen schütteln nur still die Köpfe, während sie den anderen zuhören. „Wie kann man nur so oberflächlich sein?“, fragt Mara ihre Freundin leise. Emily zuckt mit den Schultern: „Frag mich was Leichteres. Ich verstehe diese Menschen nicht. Es ist mir aber auch egal, was dumme Menschen sagen.“ In dem Moment ruft Ann-Katrin, das reichste und beliebteste Mädchen der Klasse: „Und ihr zwei, was habt ihr bekommen? Ein Paar Socken vom Wühltisch?“ Alle anderen lachen und Ann-Katrin lacht selbst am lautesten.

Mara reicht es jetzt. Sie kann nicht so ruhig bleiben wie Emily. Aber bevor sie etwas sagen kann, hört sie hinter sich die Stimme von Herrn Freund, ihrem Klassenlehrer. Er muss von draußen alles gehört haben. Er sieht schockiert aus und sagt: „Ist ja interessant, was hier so passiert, wenn kein Lehrer da ist. Ann-Katrin, ich habe ein verspätetes Weihnachtsgeschenk für dich. Du darfst heute einen wunderschönen Brief an deine Eltern mitnehmen. So ein respektloses Verhalten will ich hier nicht haben. Das gilt auch für alle anderen."

Alle Kinder sind plötzlich ganz still. Nur Ann-Katrin hat etwas zu sagen: „Aber Herr Freund, das ist doch jetzt übertrieben. Ich habe doch nur einen Witz gemacht. Was kann ich dafür, wenn die kein Geld haben?" Herr Freund sieht mindestens ebenso wütend aus wie Mara und antwortet: „Dafür kannst du nichts. Aber du kannst etwas für dein Verhalten. Dein Geld gibt dir nicht das Recht, andere Menschen zu verspotten. Manche Menschen haben viel Geld und andere wenig, und oft ist das Geld nicht mal gerecht verteilt. Aber alle Menschen haben den gleichen Wert. Du bist nicht mehr wert als Mara und Emily, und auch keiner von euch anderen ist es. Ihr seid alle gleich viel wert." Ann-Katrin steht der Mund offen. Das sieht so komisch aus, dass Mara und Emily sich ein Lachen verkneifen müssen. Den Rest des Schultages macht keiner mehr blöde Sprüche und es lacht auch keiner mehr über Mara und Emily.

Als die beiden Freundinnen am Mittag aus der Schule kommen, hat es aufgehört zu regnen. Die Sonne strahlt ihnen ins Gesicht. Mara und Emily beschließen, zu Fuß nach Hause zu gehen. Es gibt eine Abkürzung durch einen schönen Park. Auf dem Weg fragt Mara ihre beste Freundin: „Wird das jetzt so bleiben? Haben wir jetzt unsere Ruhe? Wird sich wirklich etwas ändern? Was glaubst du?" Emily sagt auf ihre typische ruhige Art: „Vielleicht. Wir werden es sehen. Aber was wirklich zählt, wir haben uns.“

„Ja, das ist das Wichtigste“, sagt Mara. „Und wir haben einen tollen Lehrer! Herr Freund ist wirklich ein richtiger Freund. Gut, dass es solche Menschen gibt.“

Ein Traum wird wahr

Larissa ist sieben Jahre alt und gerade in die zweite Klasse gekommen. Sie ist vor einem Jahr in die kleine Stadt gezogen, in der sie jetzt wohnt, weil ihr Papa hier eine neue Arbeit angefangen hat. Das war für Larissa sehr schlimm. In der alten Stadt hatte sie drei sehr gute Freunde, mit denen sie zusammen in den Kindergarten gegangen ist und oft gespielt hat. Sie wollte so gern mit ihren Freunden auch in die Schule gehen. Aber kurz vor der Einschulung ist ihre Familie dann umgezogen. In der neuen Stadt hat Larissa niemanden gekannt. Alles war neu und ungewohnt.

Die neue Stadt ist sehr weit weg von der alten und so kann sie ihre Freunde gar nicht mehr sehen. Larissa ist deswegen sehr betrübt und hat mehrmals versucht, ihre alten Freunde einzuladen. Aber sie haben immer gesagt, dass das nicht geht, weil die Stadt zu weit weg ist. Nicht einmal zu Larissas siebtem Geburtstag in den Herbstferien sind die drei gekommen. Die drei haben Larissa auch nicht zu ihren Geburtstagen eingeladen. „Tolle Freunde, die haben bestimmt längst neue Freunde und haben mich schon vergessen", denkt Larissa traurig.

Beim Umzug hat Mama Larissa getröstet: „Du findest in der neuen Stadt bestimmt schnell neue Freunde. Du kommst ja bald in die Schule und da sind viele nette Kinder. Und in der Nachbarschaft sind sicher auch Kinder, mit denen du spielen kannst.“

Aber so leicht ist das nicht. Für Larissa ist es schwer, neue Freunde zu finden. Das kennt sie schon von früher. Es ist nicht so, dass sie schüchtern wäre. Sie geht offen auf alle zu. So hat sie in der neuen Stadt auch versucht, Freunde in ihrer Klasse und in der Nachbarschaft zu finden.

Die Mädchen wollten sich auch gern mit ihr verabreden. Ein paarmal hat sich Larissa mit Mädchen aus ihrer Klasse getroffen. In der Nachbarschaft wohnt auch ein Mädchen, das ganz nett ist, und die beiden haben sich zweimal zum Spielen verabredet. Aber es ist immer wieder das alte Problem aufgetreten, das Larissa schon aus dem Kindergarten kennt. Larissa findet einfach alles langweilig, worüber Mädchen reden und was sie spielen. Deshalb waren ihre Freunde in der alten Stadt Jungen.

Mit Mädchen versteht sie sich zwar auch ganz gut, aber eben nicht gut genug. Es macht ihr einfach keinen Spaß, mit Mädchen zu spielen. Sie interessiert sich nun einmal für andere Dinge. Larissa spielt gern mit ihren ferngesteuerten Autos und fährt Skateboard. Am liebsten aber spielt sie Fußball. Für solche Sachen interessieren sich die anderen Mädchen leider nicht.

Natürlich hat Larissa auch schon versucht, sich in der neuen Stadt mit Jungen anzufreunden. Aber die Jungen hier sind anders als in ihrer alten Stadt. Oder sind die Jungen in der Schule anders als im Kindergarten? Jedenfalls will kein Junge mit Larissa befreundet sein. Die Jungen aus der Klasse haben sie auf dem Schulhof nur ausgelacht: „Wir spielen doch nicht mit Mädchen! Das ist ja voll peinlich! Geh lieber mit Puppen spielen!“ Larissa war sehr enttäuscht und ärgerlich. „Ich bin kein Mädchen und ich spiele bestimmt nicht mit Puppen!“, hat sie geschrien. Das haben die Mädchen gehört und wollen nun auch nicht mehr mit Larissa befreundet sein. In der Nachbarschaft gibt es leider keine Jungen.

Inzwischen ist ein Jahr seit dem Umzug vergangen und Larissa hat immer noch keine Freunde gefunden. Ihre Eltern versuchen immer wieder, sie zu ermuntern, doch mit Mädchen zu spielen. Mama sagt: „Es ist doch nicht so schlimm, wenn du mit den anderen Mädchen etwas spielst, was du nicht ganz so toll findest.“ Larissa antwortet: „Doch, ist es. Es macht mir einfach keinen Spaß und ich weiß auch nicht, worüber ich mit denen reden soll. Die haben auch so langweilige Hobbys. Und einige spielen wirklich mit Puppen. Das kann und will ich einfach nicht." Mama und Papa verstehen Larissa, aber sind auch besorgt. „Du brauchst doch Freunde, du kannst doch nicht immer allein sein", sagt Papa. „Aber ich bin doch nicht allein", antwortet Larissa, „ich habe doch euch, und ich habe Ole!" Mama und Papa lächeln. Ole ist der große Bruder von Larissa. Aber er ist viel mehr für sie, er ist ihr allerbester Freund. Sie liebt ihn über alles und erzählt ihm auch alles. Ole hat Verständnis für seine kleine Schwester und spielt mit ihr, wann immer er Zeit hat. Er ist schon zwölf Jahre alt und geht in die sechste Klasse des Gymnasiums.

Im Gegensatz zu Larissa hat Ole viele Freunde in seiner Klasse. Seine Freunde wollen sich natürlich auch nach der Schule und am Wochenende mit ihm treffen und so muss Ole seine Zeit aufteilen. Ein paarmal hat er versucht, Larissa mitzunehmen, wenn er sich mit seinen Freunden getroffen hat. Larissa fand es toll, mit den großen Jungen Fußball zu spielen. Oles Freunde fanden es aber nicht so toll, dass das kleine Mädchen dabei war. Es gab sogar Streit zwischen Ole und seinen Freunden, weil sie wollten, dass Larissa nicht mehr mitkommt.

Ole hat dann gesagt: „Larissa ist meine kleine Schwester und sie gehört zu mir!“ Einer der Freunde hat geantwortet: „Ja, schon, aber sie ist erst sieben und es ist echt komisch, wenn sie mit uns spielt. Hat sie denn keine eigenen Freunde?“ Larissa hat das gehört und war sehr traurig. Später, als sie und Ole allein waren, hat sie gesagt: „Ich will nicht, dass du wegen mir Ärger mit deinen Freunden hast. Ich komme nicht mehr mit euch mit.“

Ole hat seine kleine Schwester getröstet und gesagt: „Du bleibst für immer meine kleine Schwester und meine beste Freundin. Und ich will auch immer ganz viel Zeit mit dir verbringen. Aber ich muss mich auch mit meinen Freunden allein treffen. Ich teile meine Zeit einfach auf, dann bin ich für euch alle da.“

Das versucht Ole wirklich, aber er hat auch noch viel für die Schule zu tun. Mama und Papa arbeiten in der Woche immer lange und haben nur am Wochenende Zeit, um mit Larissa zu spielen oder etwas Schönes zu unternehmen. So ist Larissa nachmittags in der Woche oft allein. Allein darf sie auch nicht zu dem großen Sportplatz am anderen Ende der Stadt gehen, wo sie sonst mit Ole und Papa Fußball spielt. Und das Haus hat nur einen winzigen Garten, der viel zu klein zum Fußballspielen ist.

Deshalb geht Larissa immer auf einen Spielplatz, der ganz in der Nähe des Hauses ist. Es gibt dort einen Rasen mit zwei kleinen Toren. Da spielt Larissa dann allein Fußball, jedenfalls möchte sie es. Es geht aber nur, wenn da gerade keine Jungen spielen. Oft ist das aber leider so. Ein paarmal hat sie gefragt, ob sie mitspielen kann, aber sie wurde wie immer nur ausgelacht.

Langsam verliert Larissa die Hoffnung, dass sie jemals wieder Freunde finden wird. Aber da hat Ole eine Idee: „Und wenn du Fußball im Verein spielen würdest? Es gibt ja auch Mannschaften für Mädchen.“ Larissa ist von der Idee begeistert und erzählt gleich ihren Eltern davon. Aber Mama freut sich leider gar nicht. Sie sagt erschreckt: „Fußball ist ein viel zu harter Sport, da kannst du dich schrecklich verletzen! Auf keinen Fall lassen wir dich im Verein spielen.“

Larissa protestiert: „Aber ich spiele doch mit Ole und mit Papa auch Fußball, und früher in der anderen Stadt habe ich auch mit meinen Freunden Fußball gespielt. Wo ist der Unterschied?“ Mama erklärt: „Das ist etwas ganz anderes. Im Verein geht es nicht einfach nur um Spaß, da geht es um Erfolg. Und deshalb wird da viel härter gespielt. Ich will nicht, dass du ständig mit Verletzungen nach Hause kommst." Larissa sieht ihren Papa verzweifelt an. Aber Papa sagt: „Mama hat recht. Fußball ist echt ein harter Sport. Ich habe als Kind auch mal im Verein gespielt und mir ganz schlimm das Knie verletzt. Es musste sogar operiert werden. Danach musste ich mit dem Fußball aufhören." Mama fügt an: „Wenn du mit anderen Kindern Sport im Verein machen willst, dann kannst du doch auch schwimmen oder Tischtennis spielen."

Larissa will das nicht mehr hören, sie springt auf und läuft in ihr Zimmer. Dort wirft sie sich auf ihr Bett und weint. Sie hat seit Jahren nicht mehr geweint, aber jetzt weint sie so sehr wie niemals vorher. Mama und Papa wollen zu ihr ins Zimmer gehen, um sie zu trösten. Aber Ole hält sie zurück: „Lasst mich das mal lieber machen. Ich glaube, euch möchte sie gerade nicht sehen." Ole ist schockiert, so hat er seine kleine beste Freundin noch nie gesehen. Larissa sagt zu ihm unter Tränen: „Mama und Papa verstehen mich einfach nicht! Ich habe so sehr gehofft, im Fußballverein endlich Mädchen zu treffen, die so sind wie ich." Nach einer Weile fügt sie leise hinzu: „Vielleicht muss ich mich ja auch einfach ändern. Vielleicht bin ich ja echt komisch."

Aber Ole schüttelt heftig den Kopf und sagt empört: „Nein, Larissa, du bist genau richtig! Und bestimmt gibt es irgendwo da draußen Freunde für dich. Meistens trifft man Freunde nicht, wenn man sie sucht, sondern wenn man gar nicht damit rechnet. Du musst nur Geduld haben und Augen und Ohren offenhalten. Und vor allem musst du ganz du selbst bleiben. Versprich mir das, okay, Schwesterherz?" Während er das sagt, drückt er Larissa ganz fest an sich. „Okay", sagt Larissa und kann schon wieder lächeln. „Du bist der beste große Bruder auf der ganzen Welt!", sagt sie dann noch. Beide lachen und umarmen sich ganz fest. Dann sagt Ole noch: „Bestimmt darfst du irgendwann doch im Fußballverein spielen. Bei jedem Sport kann man sich verletzen, aber meistens tut man es nicht. Man muss nur ein bisschen auf sich aufpassen. Bestimmt sehen Mama und Papa das bald ein. Wir müssen sie nur überzeugen."

Ein paar Wochen später geht Larissa am Nachmittag wieder allein auf den Spielplatz. Sie hat wie immer ihren Fußball dabei. „Hoffentlich ist niemand da!", denkt sie. Diesmal hat sie Glück. Nur eine Mutter mit einem kleinen Kind ist auf dem Spielplatz auf der Rutsche. Sonst ist niemand da. Das kleine Fußballfeld und die zwei Tore gehören Larissa jetzt ganz allein. Sie spielt abwechselnd auf beide Tore, schießt aus unterschiedlichen Entfernungen und übt ein paar Tricks. Ole hat ihr viel gezeigt und im Fernsehen verpasst sie kein einziges Fußballspiel. Jetzt ist sie der Fußball-Star auf ihrem eigenen kleinen Platz.

Larissa vergisst alles um sich herum. Nichts anderes ist wichtig, nur sie und der Ball. Sie merkt gar nicht, wie die Zeit vergeht. Und vor allem merkt sie nicht, dass inzwischen noch jemand auf dem Spielplatz ist.

„Hey du“, hört sie plötzlich eine Jungenstimme. Larissa bleibt stehen und blickt in das Gesicht eines Jungen, den sie nie zuvor gesehen hat. Er ist in ihrem Alter und hat auch einen Fußball dabei. „Na toll“, denkt sie, „jetzt will der hier spielen und lacht mich wieder aus, weil ich ein Mädchen bin!“ Aber der Junge lacht nicht, er schaut sie nur an. Larissa fragt: „Willst du jetzt hier spielen?“ Jetzt lacht der Junge doch und antwortet: „Ja, deswegen bin ich hier und habe den Ball dabei.“ Larissa kennt das ja schon, sie nimmt also ihren Ball und verlässt das Spielfeld. Auf Streit hat sie keine Lust. „Wo willst du hin?“, hört sie den Jungen hinter sich rufen. Larissa dreht sich um und ist erstaunt. Der Junge sieht sie freundlich an. Dann sagt er: „Ich bin Sebastian, aber alle nennen mich Basti. Ich habe dich beobachtet. Du spielst echt gut. Hast du Lust, mit mir zusammen zu spielen?“ Larissa traut ihren Ohren kaum. Hat er das wirklich gesagt? Oder soll das ein Witz sein? Aber Basti scheint echt nett zu sein. „Danke“, sagt Larissa zögernd. „Ich bin Larissa. Okay, dann los!“

Mit diesen Worten lässt sie ihren Ball auf den Boden fallen und läuft damit in Richtung des einen Tores. Basti hat Mühe, hinter ihr herzukommen, aber verhindert den Torschuss. Beide spielen wirklich gut. Am Ende steht es sechs zu fünf für Larissa. „Respekt!“, sagt Basti, und Larissa lacht: „Danke, du spielst aber auch echt gut!“ Die beiden sind außer Puste und setzen sich erst einmal auf den Rasen. „Warum hab ich dich noch nie vorher hier gesehen?“, fragt Larissa. „Weil ich erst vor zwei Tagen mit meinen Eltern hierhergezogen bin“, antwortet Basti. Dann fügt er noch an: „Ich wohne gleich dahinten.“

Dabei zeigt er in die Richtung, in der auch Larissa wohnt. Ein Traum scheint wahr zu werden.

Die beiden machen sich zusammen auf den Weg nach Hause. Basti wohnt tatsächlich am Ende der Straße, in der Larissa wohnt. An Larissas Haus verabschieden sich die beiden neuen Freunde. Larissa kann sich eine Frage nicht verkneifen: „Warum hast du eigentlich kein Problem damit, dass ich ein Mädchen bin?“ Basti schaut sie erst nur verwundert an, dann fragt er zurück: „Warum sollte ich ein Problem damit haben?“

Larissa erklärt: „Weil die anderen Jungen nicht mit einem Mädchen spielen wollen und denken, dass Mädchen nicht Fußball spielen sollten.“ Basti lacht und sagt: „Dann sind die doof, aber das ist deren Problem. Es ist doch nicht wichtig, ob man ein Mädchen oder ein Junge ist. Wir sind doch alle gleich.“ Dann fügt er noch hinzu: „Meine Mutter ist

Architektin. Sie baut Häuser. Und meine Schwester, die ist schon 16 und macht eine Ausbildung als Automechanikerin. Und mein Vater backt gern Kuchen und kocht für uns. Jeder macht eben, was er möchte. Das ist doch ganz normal.“

Larissa strahlt: „Wo bist du bloß so lange gewesen?“ Basti lacht: „Jetzt bin ich ja da. Und ich bleibe!“ Am Abend erzählt Larissa ihrem besten Bruder der Welt und ihren Eltern von ihrem neuen Freund. Alle freuen sich sehr, ganz besonders Ole. Aber ob Basti wirklich zu Larissa steht, wenn andere Jungen dabei sind?

Ja, das tut er. Schon am nächsten Tag auf dem Spielplatz beweist er, dass er ein echter Freund ist. Da sind wieder einige der Jungen, die Larissa nicht mit Fußball spielen lassen wollen. Zu Basti sagen sie aber: „Komm, Junge, lass das Mädchen stehen und spiel mit uns.“ Basti antwortet: „Ich spiele nur mit, wenn Larissa auch mitspielen kann.“ Die anderen Jungen halten dagegen: „Nein, wir spielen nicht mit Mädchen.“ Da sagt Basti: „Wollen wir wetten, dass Larissa und ich euch besiegen? Wir zwei gegen euch fünf. Und wenn wir gewinnen, lasst ihr uns hier spielen, wann immer wir es wollen.“

Die anderen Jungen lachen und sagen selbstsicher: „Na gut, du Mädchenfreund. Dann zeigt mal, was ihr draufhabt!“ Und das tun Larissa und Basti. Zu zweit besiegen sie die fünf Jungen mit neun zu drei Toren. Sieben Tore hat Larissa geschossen. Die Jungen sind verblüfft: „Woher kannst du so gut spielen? Du bist doch ein Mädchen!“ Basti antwortet für Larissa: „Nein, sie ist nicht einfach ein Mädchen. Sie ist Larissa!“

Die richtige Entscheidung

Milena ist acht Jahre alt und wohnt mit ihrer Familie in einem schönen ruhigen Stadtteil am Rand einer großen Stadt. Der Stadtteil hat eine eigene Grundschule und Milena geht dort in die zweite Klasse. Sie versteht sich mit allen Kindern in ihrer Klasse gut und hat viele Freunde. Milena hat immer jemanden zum Spielen und zum Reden. Eine beste Freundin oder einen besten Freund hat sie aber nicht. Doch das stört Milena nicht, denn sie hat ihre beste Freundin bei sich zu Hause.

Es ist ihre große Schwester Marie. Die beiden sind ein Herz und eine Seele. Marie ist zehn Jahre alt und geht in die vierte Klasse. Auch mit ihren Eltern verstehen sich die beiden Schwestern sehr gut und sie finden eher, dass sie wie viel ältere Freunde sind. Marie hat selbst auch ein paar Freunde, aber sie versteht sich nicht mit allen Kindern so gut wie Milena.

Marie hat ihre eigene Meinung und sagt diese auch offen. Das gefällt nicht jedem und so kommt es, dass Marie nicht bei allen Kindern so beliebt ist.

Geärgert wird Marie aber zum Glück nicht. Und sie hat drei Freundinnen und zwei Freunde, die immer fest zu ihr halten. In Milenas und Maries Leben ist alles schön und friedlich.

So ist es auch an diesem Morgen wie immer nett und lustig in Milenas Klasse. Fast alle Schüler sind schon da, aber der Lehrer noch nicht. Plötzlich springt ein Junge auf und fängt an, herumzuspringen und sich unter den Armen zu kratzen. Dabei macht er Geräusche wie ein Affe. Alle biegen sich vor Lachen. Milena auch. Dabei bemerkt sie nicht, dass hinter ihr jemand in die Klasse gekommen ist. Erst als sie sieht, dass mehrere Kinder lachend zur Tür schauen, blickt sie sich um. Sie vermutet, dass dort ein anderer Schüler steht, der auch etwas Lustiges macht. Aber da steht ein Mädchen, das sie vorher noch nie gesehen hat, mit einem sehr ernsten Gesichtsausdruck. Das Mädchen hat eine dunkle Hautfarbe und schwarze Haare. Der Junge, der den

Affentanz gemacht hat, hört nun auf und sagt zu dem fremden Mädchen: „Du Afrika. Was du wollen hier?“ Die meisten anderen Kinder lachen wieder. Milena lacht jetzt nicht mehr. Sie versteht nicht, was hier gerade los ist.

Das dunkelhäutige Mädchen sagt in bestem Deutsch: „Hallo, ich bin Elisa. Ich bin ab jetzt in eurer Klasse.“ Dann sagt sie nach einer kurzen Pause noch: „Vielen Dank für den schönen Empfang.“ Dabei ist sie sehr ruhig und lächelt. Einige Kinder lachen: „Die hat nicht mal gemerkt, dass wir über sie gelacht haben!“ Die Freundin, die links neben Milena sitzt, stößt Milena an und sagt: „Lach doch auch mal, ist doch lustig!“ Milena versteht immer noch nichts. Worüber soll sie lachen? Aber sie ringt sich ein verkrampftes Lächeln ab und sagt zu ihrer Freundin: „Ich hab gerade irgendwie Kopfschmerzen, da ist mir nicht so nach Lachen.“ Eigentlich würde sie gern fragen, was so lustig ist. Aber irgendwie ahnt sie es.

Ein paar Jungen fangen jetzt wieder an, Affengeräusche zu machen, und fast alle anderen Kinder lachen. Ein paar machen immerhin nicht mit. Aber sie tun so, als würden sie nichts bemerken. Drei Jungen und ein Mädchen, die sich sonst eigentlich nicht so sehr für die Schule interessieren, finden auf einmal ihre Schulbücher sehr spannend. Zwei Mädchen sortieren ihre ganzen Stifte auf dem Tisch nach Farben und Größen. Ein anderes Mädchen beschäftigt sich damit, immer wieder das Haus vom Nikolaus in ihr Heft zu zeichnen.

Aber ausgerechnet die Kinder, mit denen Milena gut befreundet ist, lachen über den gemeinen Blödsinn und machen sogar mit. Milena schaut abwechselnd ihre Freunde und Elisa an. Elisa sagt nichts. Sie hat eine aufrechte Körperhaltung und einen gelassenen Gesichtsausdruck. Inzwischen hat sie sich auf einen freien Platz gesetzt. Die Kinder links und rechts davon sind ein Stück weggerückt und haben die Gesichter verzogen. Elisa scheint das alles nicht zu stören. Sie sitzt da wie ein Fels in der Brandung. Jetzt ruft ein Junge: „Leute, seid ruhig! Lehrer im Anmarsch!“ Sofort ist alles still.

Im Unterricht wagt niemand es, über Elisa zu lachen oder etwas Blödes zu sagen. Aber in den Pausen geht es weiter, doch nur, wenn gerade kein Lehrer in der Nähe ist. Milena ist wie immer bei ihren Freunden. Dummerweise ärgern ihre Freunde nun aber Elisa. Milena weiß nicht, was sie tun soll. Sie hat so eine Situation noch nicht erlebt. Eigentlich weiß sie, dass es nicht okay ist, was ihre Freunde da tun. Aber sie traut sich auch nicht, etwas dagegen zu sagen. Elisa bleibt die ganze Zeit ruhig. Es scheint irgendwie alles an ihr abzuprallen. Oder tut sie bloß so und kann gut verbergen, dass sie traurig ist? Milena ärgert Elisa nicht und lacht auch nicht über die Gemeinheiten der anderen. Aber sie steht tatenlos daneben. Einmal treffen sich Milenas und Elisas

Blicke. Elisa schaut Milena fragend an. Milena guckt schnell weg. Es geht ihr inzwischen wirklich nicht mehr gut und sie hofft nur noch, dass der Schultag endlich vorbei ist.

Nach der Schule erzählt Milena ihrer großen Schwester Marie, was heute passiert ist. Marie fragt: „Und was hast du gemacht?" Milena senkt den Blick und antwortet: „Nichts. Was sollte ich tun?" Marie ist schockiert und wird zum ersten Mal wirklich wütend auf Milena: „Bei so etwas kannst du doch nicht einfach zusehen! Solche Dinge darf man nicht hinnehmen! Da muss man sofort etwas gegen machen!" „Was hätte ich denn tun sollen?", fragt Milena kleinlaut. Marie antwortet ärgerlich: „Dem Mädchen helfen! Deinen tollen Freunden sagen, dass sie damit aufhören müssen! Und sonst einem Lehrer Bescheid sagen!" Jetzt wird Milena wütend: „Du verstehst mich nicht! Es sind doch meine Freunde! Ich kann mich doch nicht gegen meine Freunde stellen!"

Marie ruft nur noch: „Sag mal, wie bist du denn drauf?! Das hätte ich echt nicht von dir gedacht!" Und dann fliegt die Haustür knallend ins Schloss. Marie geht los zum Sport. Und was macht Milena? Sie bleibt allein zu Hause und weint.

Etwas später kommen Mama und Papa nach Hause. Sie sehen, dass Milena verweint aussieht. „Was ist denn los?", fragt Mama besorgt. Milena berichtet: „Marie und ich haben uns gestritten." Mama und Papa schauen sich erschrocken an und sagen wie aus einem Munde: „Du und Marie habt euch gestritten? Das ist ja noch nie vorgekommen. Was ist passiert?" Milena mag eigentlich nicht darüber reden, aber berichtet es doch ihren Eltern: „Ich habe Marie erzählt, dass wir ein neues Mädchen in der Klasse haben und keiner die mag. Alle haben sie ganz schlimm geärgert. Marie hat mich dann gefragt, was ich gemacht habe." Jetzt schweigt Milena plötzlich. „Und was hast du gemacht?", fragt Papa.

Milena sagt leise: „Nichts. Und deswegen ist Marie jetzt sauer auf mich. Sie meint, dass ich etwas dagegen machen muss." Mama sagt: „Marie hat recht. Wir haben dir doch auch beigebracht, dass man niemanden ärgern darf und dass man anderen helfen muss, wenn sie geärgert werden."

Milena unterbricht ihre Mama: „Aber diese Elisa ist echt ganz anders als wir, vielleicht haben meine Freunde ja recht und sie ist echt komisch." Papa fragt neugierig: „Was ist denn mit ihr?" Milena erklärt: „Sie hat ganz dunkle Haut und kommt wohl aus Afrika." Mama und Papa sehen sich sehr erschrocken an. Milena bemerkt das und sagt: „Seht ihr, ihr findet das auch merkwürdig!" Aber Mama und Papa schütteln beide die Köpfe und Papa sagt: „Nein, wir finden es merkwürdig und schockierend, dass die Kinder in deiner Klasse das Mädchen ärgern, nur weil es eine andere Hautfarbe hat und woanders herkommt. Und dass du nichts dagegen machst!“ Milena sagt kleinlaut: „Ich finde es ja auch nicht gut, was die anderen machen. Elisa hat mir echt leidgetan. Aber ich kann doch nicht einfach etwas gegen meine Freunde sagen. Und es sind so viele, die da mitmachen!“

Mama sagt in festem Ton: „Es ist egal, wie viele es sind, die das Falsche tun. Man selbst muss immer das Richtige tun.“ Und Papa fügt an: „Das stimmt. Und wenn es wirklich deine Freunde sind, brauchst du auch keine Angst zu haben, dass du sie verlierst, nur weil du deine eigene Meinung sagst. Im Gegenteil, wenn du ihre Freundin bist, sollten sie auf dich hören und das Mädchen in Ruhe lassen.“ Milena hat aber Angst. Sie will nicht auch so gemein behandelt werden wie Elisa. Aber sie denkt über Mamas und Papas Worte nach.

Als Marie später nach Hause kommt, geht Milena zu ihr ins Zimmer, um ihren Rat zu suchen. Marie ist immer noch verärgert über das Verhalten ihrer kleinen Schwester, aber erklärt ihr ruhig: „Freunde, die dich verlassen, weil du deine eigene Meinung sagst, sind keine echten Freunde.

Ich habe auch nur wenige Freunde, aber dafür sehr gute. Und mit Menschen, die anderen wehtun, nur weil sie anders sind, will ich sowieso nicht befreundet sein. Und das solltest du auch nicht. Das sind keine guten Menschen. Vielleicht haben deine Freunde aber auch nur Vorurteile, weil sie es von ihren Eltern oder Geschwistern nicht besser wissen. Sprich in Ruhe mit ihnen und erkläre ihnen, dass die Hautfarbe und die Herkunft eines Menschen egal sind. Mensch ist Mensch. Es gibt so viele unterschiedliche Menschen aus so vielen Ländern, die ganz verschieden aussehen und auch sonst ganz unterschiedlich in allem sind. Jeder Mensch ist etwas Besonderes und verdient es, gut behandelt zu werden. Stell dir mal vor, du kommst als einziges

Mädchen mit heller Haut in eine Schulklasse, wo nur Kinder mit dunkler Haut sind. Dann möchtest du auch nicht geärgert und ausgelacht werden. Oder? Und deine Freunde würden das bestimmt auch nicht wollen."

Milena staunt: „Das hast du toll gesagt. Willst du nicht mit meinen Freunden sprechen? Ich kann das bestimmt nicht so gut sagen wie du." Marie lächelt und nimmt ihre kleine Schwester in die Arme. Dann sagt sie: „Das musst du schon selbst machen. Du schaffst das, ich weiß das. Und wegen deiner Freunde brauchst du keine Angst zu haben. Wenn sie dich wirklich nicht mehr mögen, nur weil du ihnen die Meinung sagst und Elisa beschützt, dann hast du immer noch mich. Und du und Elisa seid dann zu zweit, dann seid ihr beide stärker. Aber bestimmt verstehen deine Freunde es sowieso und hören mit den Gemeinheiten auf." Milena hat immer noch ein bisschen Angst, aber sie weiß, dass sie das

Richtige tun muss. Im Stillen hofft sie aber, dass am nächsten Schultag alles schon von selbst besser sein wird und die anderen keinen Spaß mehr daran haben, Elisa zu ärgern.

Leider wird diese Hoffnung nicht wahr. Am nächsten Tag ist alles genauso. Milena erinnert sich an die Worte ihrer Schwester und ihrer Eltern. Aber ihr Mund ist wie zugeklebt. Wieder sieht und hört sie tatenlos zu, wie ihre Freunde Elisa so gemein ärgern. Und wieder sieht sie, wie Elisa ruhig bleibt. Milena denkt: „Vielleicht braucht sie meine Hilfe gar nicht, vielleicht ist ihr das wirklich egal." Aber sie fragt sich auch: „Warum wehrt Elisa sich nicht?" In der großen Pause ist dann tatsächlich der Moment gekommen, in dem Elisa sich nicht mehr alles gefallen lässt. Auf dem Schulhof gibt es einige Spielgeräte und auch ein Klettergerüst, das in einer großen Sandkiste steht. Milena und ihre Freunde sind gerade auf dem Klettergerüst, als Elisa ankommt. Sie möchte auch auf das Klettergerüst. Milenas Freunde rufen sofort: „Geh weg, du hast hier nichts zu suchen!“ Elisa bleibt jedoch am Rand des Sandkastens stehen und sagt in festem Ton: „Ich habe genauso das Recht wie ihr, auf das Klettergerüst zu gehen.“

Marie sieht das Ganze aus einiger Entfernung, wo sie mit ihren Freunden steht. Sie sieht auch, dass Milenas Freunde runter in den Sandkasten springen und Milena ihnen langsam folgt. Dann hört Marie, wie einer von Milenas Freunden ruft: „Hau ab, oder es gibt Ärger!“ Milena steht am Rand der Gruppe und sagt wie immer nichts.

Marie und ihre Freunde schauen sich kurz an und denken alle das Gleiche: „Wo ist die Pausenaufsicht, wenn man sie braucht?“ Dann laufen sie los. Aber sie sind zu weit weg. Im Laufen sieht Marie, wie einige von Milenas Freunden Sand mit den Händen aufnehmen und sich in Position bringen, um Elisa damit zu bewerfen.

Alles geschieht wie in Zeitlupe. Elisa steht immer noch da. Mit ruhiger, fester Stimme sagt sie: „Ich habe keine Angst vor euch. Ich werde nicht vor euch flüchten. Meine Familie ist schon zu viel geflüchtet." Marie und ihre Freunde sind immer noch nicht da, um zu helfen. Doch was geschieht jetzt?

Marie und ihre Freunde stoppen plötzlich ab und staunen. Milena hat sich neben Elisa gestellt und sagt nun laut zu ihren Freunden: „Das macht ihr nicht! Es reicht jetzt! Lasst Elisa sofort in Ruhe!" Milenas Freunde sehen sich erstaunt an. Ein Mädchen sagt zu Milena: „Was ist denn in dich gefahren? Du stehst auf der falschen Seite. Komm da weg, sonst bekommst du aus Versehen den Sand ab!" Milena bleibt bei Elisa und sagt: „Nein, ich stehe genau auf der richtigen Seite. Was ihr tut, ist falsch.

Und wenn ihr meint, dass ihr Elisa mit Sand bewerfen müsst, dann bewerft mich auch. Ich bin nichts Besseres als sie.“

Milenas Freunde sind so verblüfft, dass ihnen der Sand zwischen den Fingern durchrieselt. Elisa sagt zu Milena: „Danke! Ich hab schon gemerkt, dass du nicht so bist wie die.“ Und Milena sagt zu Elisa: „Entschuldigung, dass ich nicht gleich gestern etwas gesagt habe. Ich war irgendwie schockiert. So etwas hab ich noch nicht erlebt und ich wusste nicht, wie ich mich richtig verhalten soll.“ „Alles gut“, antwortet Elisa. Die beiden Mädchen lächeln sich an. Die anderen Kinder schweigen noch immer.

Inzwischen sind Marie und ihre Freunde beim Sandkasten angekommen. Aber Milena und Elisa haben die Lage im Griff. Milena sagt zu den anderen Kindern aus ihrer Klasse: „Was habt ihr eigentlich gegen Elisa? Sie ist doch ein Kind wie ihr und ich auch.“ Keiner will antworten. Milena spricht jetzt jeden ihrer Freunde einzeln an: „Möchtest du, Jasper, geärgert werden, weil du ganz helle Haut hast und im Sommer nicht braun wirst? Oder du, Yvonne, weil du Sommersprossen hast? Oder du, Damian, weil du rote Haare hast? Oder du, Igor, weil du kleiner bist als alle anderen? Oder du, Janina, weil du größer bist als alle anderen? Oder du, Olli, weil du graue Augen hast?“

Nach und nach fällt Milena zu jedem etwas Besonderes ein, das eigentlich gar nicht so besonders ist. Dann sagt sie: „Das sind doch alles ganz normale und schöne Dinge. Und genauso normal und schön ist es, dass Elisa eine dunkle Haut hat! Also nochmal die Frage: Was habt ihr gegen sie?“

Alle schauen betreten in die Gegend. Die Situation ist ihnen sichtlich unangenehm. Dann sagt ein Junge zögernd: „Ich hab eigentlich nichts gegen sie.

Aber die anderen haben ja gestern angefangen, über sie zu lachen. Da hab ich halt mitgemacht." Nach und nach nicken die anderen und sagen alle: „Ja, war bei mir auch so. Ich weiß gar nicht, warum ich eigentlich Elisa geärgert habe. Entschuldigung!" Nur der Junge, der zuerst mit den Affengeräuschen angefangen hat, sagt nichts.

Milena und Elisa schauen sich an und denken das Gleiche: „Manche Menschen sind einfach so dumm, da kann man nichts machen." Die Pause ist gleich vorbei und alle müssen zurück in den Unterricht. Marie geht aber noch schnell zu Milena und sagt: „Gut gemacht, Schwesterchen! Ich bin stolz auf dich!" Milena lächelt und sagt zu Elisa: „Das ist meine große Schwester Marie. Hast du Lust, nach der Schule zu uns zu kommen?" Elisa freut sich: „Klar, gerne!"

Milena, Marie und ihre neue Freundin Elisa haben zusammen einen schönen Nachmittag mit viel Spaß. Milena wird aber auch noch einmal ernst und fragt Elisa: „Warum hast du dir das eigentlich gefallen lassen und wie konntest du so ruhig bleiben?“ Da lächelt Elisa wieder auf diese besondere gelassene Art und erklärt: „Ich habe das schon eine Weile geübt. Auf meiner alten Schule war es genauso. Aber da waren es zum Glück nur vier Kinder, die so waren. Meine Eltern haben mir erklärt, dass solche Leute selbst irgendwelche Probleme haben und sich wichtigmachen wollen. Wenn man sie nicht beachtet, verlieren sie das Interesse und hören von selbst auf, haben meine Eltern gesagt.“

Dann fügt sie an: „Aber das stimmt wohl nicht immer. Manchmal ist es wohl besser, sich nicht alles gefallen zu lassen. Aber allein ist es nicht so einfach, etwas dagegen zu machen. Danke nochmal für deine Hilfe!“ Milena lächelt jetzt auch wieder und sagt: „Ich danke dir auch.“ „Wofür denn?“, fragt Elisa verwundert. Milena erklärt: „Dafür, dass ich gelernt habe, das Richtige zu tun. Und dass ich keine Angst mehr habe, Freunde zu verlieren, die gar keine sind.“

Marie freut sich. Ihre kleine Schwester hat heute etwas Großes vollbracht und kann endlich zu ihrer eigenen Meinung stehen. Milena hat verstanden, dass es nicht darauf ankommt, viele Freunde zu haben, sondern die richtigen, und sich für sie einzusetzen. Und sie hat eine richtige Freundin gefunden. Und wie geht es nun weiter?

Die meisten Kinder sind ab jetzt freundlich zu Elisa. Milenas Angst, dass sie ihre Freunde verlieren könnte, wird nicht wahr. Ihre Freunde haben sogar großen Respekt vor ihr und sind von nun an mit Milena und Elisa befreundet. Aber Milena und Elisa werden unzertrennliche beste Freundinnen. Fast so unzertrennlich wie Milena und Marie. Alles ist wieder schön und friedlich.

Nur einer stört manchmal den Frieden. Es ist der Junge, der Elisa zuerst geärgert hat. Er springt zwar nicht mehr wie ein Affe herum, aber manchmal macht er noch diese Geräusche und blöde Sprüche. Doch damit ist er jetzt sehr allein. Niemand macht mehr mit und niemand lacht mehr.

Ein paar Kinder sagen manchmal zu ihm: „Merkst du nicht, dass du dich nur selbst lächerlich machst? Schalt endlich mal dein Gehirn ein und hör auf mit dem Quatsch.“ Aber die meisten beachten ihn gar nicht. Alle sind sich einig: „Manche Menschen sind so dumm, da kann man einfach nichts machen.“

Muss man denn alles können?

Sophie ist neun Jahre alt und wohnt mit ihren Eltern und ihrem Hund Struppi in einem hübschen alten Haus in einem kleinen Dorf. Sophie geht in die dritte Klasse und mag die Schule sehr gern. Sie ist zwar nicht die beste Schülerin ihrer Klasse, aber ihre Noten sind gut und das Lernen macht ihr Spaß. Die

Lehrer sind auch alle nett und Sophie hat viele Freunde in der Klasse.

Die Grundschule ist in der nächsten Stadt und alle Kinder aus den Dörfern gehen dorthin. Sophies beste Freunde gehen in dieselbe Klasse wie sie. Sie heißen Carla, Pauline, Justus und Tarik. Carla und Tarik wohnen im selben Dorf wie Sophie. Justus und Pauline wohnen im Nachbardorf. Die fünf Kinder kennen sich schon ihr Leben lang, denn auch ihre Eltern sind gut befreundet.

Was für ein Glück, dass die fünf in einer Klasse sind, da macht das Lernen noch viel mehr Spaß. Wenn einer mal Probleme mit den Hausaufgaben hat, helfen ihm die anderen. Auch für Tests und Klassenarbeiten lernen sie zusammen. So klappt das alles super. Die fünf verstehen sich aber auch mit allen anderen Kindern aus der Klasse und aus ihren Dörfern gut. Das klingt doch alles wunderschön, fast perfekt. Aber eben nur fast.

Es könnte alles gut sein, wenn da doch bloß nicht der Sportunterricht wäre. Sophie kann einfach keinen Sport. Wirklich keinen. Nicht einmal Trampolinspringen kann sie. In ihrer Freizeit stellt sich das Problem nicht, da muss sie ja keinen Sport machen. Aber in der Schule muss sie, und das sogar zweimal pro Woche.

Die Tage, an denen Sport auf dem Stundenplan steht, sind für Sophie ganz schrecklich. Einmal hat sie Sport in der ersten Stunde und einmal in der letzten. Sie weiß nicht, was davon schlimmer ist. Wenn es die letzte Stunde ist, denkt sie schon den ganzen Vormittag daran und fühlt sich nicht wohl. Wenn es die erste Stunde ist, hat sie es wenigstens hinter sich, aber ist danach schlapp und alles tut ihr weh.

Sophie versucht, den Sportunterricht so oft wie möglich zu vermeiden. Dass es die erste oder die letzte Stunde ist, kommt ihr dabei entgegen. So kann sie da „krank“ sein, ohne den Rest des Unterrichts zu verpassen. Immer geht das aber natürlich nicht, das wäre zu auffällig. Also hat sie sich verschiedene andere Dinge überlegt, um die Sportstunden zu verkürzen. Sie vergisst ihre Sportsachen ganz zufällig im Klassenraum und muss noch einmal zurück, trödelt in der Umkleidekabine, muss zwischendurch oft etwas trinken oder auf die Toilette. Komischerweise gehen auch ihre Schnürsenkel immer auf und Sophie braucht dann ewig, um sie wieder zuzubinden.

Sophies Freunde wissen natürlich, dass das alles Absicht ist. Sie finden es lustig, was sich Sophie alles ausdenkt, um nicht am Sportunterricht teilzunehmen. Manchmal helfen sie ihr auch mit Ausreden oder behaupten, Sophie hätte die Übung schon gemacht und die Lehrerin Frau Gazelle hätte es einfach nur nicht gesehen. Frau Gazelle hat aber längst durchschaut, was Sophie da tut.

Sie hat Sophie ja auch oft genug im Sport gesehen und weiß, dass das Mädchen keinen Sport mag und es auch nicht kann. Da Frau Gazelle sehr nett ist, gibt sie Sophie trotzdem immer eine Vier. Sie hat zu Sophie gesagt: „Es gibt eben Menschen, die keinen Sport können. Menschen sind eben unterschiedlich. Man muss nicht alles können. Jeder kann einige Dinge gut und andere Dinge nicht.“ Sophie ist sehr dankbar für diese tolle Lehrerin.

Warum Sophie so unsportlich ist, kann sich niemand erklären. Sie ist nicht übergewichtig, eigentlich sieht sie sogar sehr sportlich aus. Aber irgendwie passen Sport und Sophie einfach nicht zusammen. Nur Papa hat eine Erklärung für Sophies Unsportlichkeit: „Das hast du von mir geerbt. Und ich habe es von Oma und Opa. Und die haben es von ihren Eltern. Das geht schon seit Jahrhunderten so."

Papa erinnert sich noch mit Schrecken an den Sportunterricht in seiner Schulzeit. Leider hatte er keine so nette Lehrerin wie Frau Gazelle. Und leider hatte er auch keine so guten Ideen, um sich vor dem Sportunterricht zu drücken. Als Mama nicht dabei war, hat Sophie ihrem Papa mal heimlich erzählt, was sie sich alles für Tricks ausgedacht hat. Papa ist richtig stolz auf sie.

Mama weiß davon nichts. Sie weiß aber, dass Sophie und ihr Papa sich mit Sport überhaupt nicht anfreunden können. Schon lange versucht sie, die beiden zu überzeugen, doch ein bisschen sportlicher zu werden. Neulich hat sie gemeint: „Es ist nicht gut, keinen Sport zu machen. Sport ist wichtig für die Gesundheit." Sophie hat sie ziemlich komisch angeschaut und gefragt: „Wie kann etwas gut für meine

Gesundheit sein, wenn ich mich dabei nicht gut fühle?“ Papa hat sich vor Lachen gebogen und Mama hat ihn strafend angeguckt.

Mama geht regelmäßig joggen und ins Fitnessstudio. Außerdem spielt sie auch noch Tennis im Verein. Sie hat immer gern Sport gemacht und kann nicht verstehen, warum Sophie und ihr Papa so anders sind. Sie versucht immer wieder, die beiden zu überreden, doch endlich auch mit Sport anzufangen.

Zu Sophie sagt sie: „Komm doch mal mit mir joggen. Oder probiere einen Sport aus, den deine Freunde machen. Pauline, Carla, Tarik und Justus haben doch alle einen Sport, den sie gern machen. Du musst ja nicht alles können, aber wenigstens ein bisschen Sport solltest du machen.“

Sophies Freunde sind wirklich sportlich. Pauline schwimmt, Carla macht Karate, Justus nimmt

Reitunterricht und Tarik spielt Hockey. Auch im Schulsport sind die vier Kinder sehr gut. Es stört sie aber nicht, dass Sophie nicht sportlich ist. „Jeder hat eben seine eigenen Interessen und wir haben trotzdem viele Gemeinsamkeiten", sagen sie alle.

Die fünf Freunde sind gern in der Natur, wo sie auch Struppi und Paulines Hund Charly mitnehmen und viel Spaß haben. Sie helfen auch oft auf dem Bio-Bauernhof von Paulines Eltern. Bei schlechtem Wetter treffen sie sich zu Hause und hören Musik oder denken sich witzige Spiele aus. Irgendetwas Spannendes und Lustiges finden die fünf Kinder und die zwei Hunde immer zu tun.

Mama lässt aber nicht locker. Beim Abendessen fängt sie wieder mit dem Thema an, von dem Sophie und ihr Papa lieber nichts hören wollen: „Es ist doch wichtig, dass ihr euch bewegt. Versucht doch bitte mal, Sport zu machen." Sophie ist genervt: „Ich bewege mich doch. Ich gehe jeden Tag mit Struppi spazieren und spiele mit ihm. Und wenn ich meine Fotos und Zeichnungen mache, gehe ich auch ganz viel zu Fuß."

Sophie fotografiert und zeichnet nämlich sehr gern, und dafür ist sie oft lange in der Natur unterwegs. Sie macht das aber nicht nur sehr gern, sondern auch sehr gut. Ihre Fotos sind nicht einfach nur Fotos, sondern richtige Kunstwerke, und sie kann Tiere und Pflanzen so gut zeichnen, dass sie ganz echt aussehen.

Zu Hause malt sie außerdem große Bilder mit flüssigen Farben. Manchmal malt sie die Natur, aber sie malt auch wunderschöne Bilder, die nur aus Farben und Formen bestehen. Alle bewundern Sophies Bilder und sind sich einig, dass sie etwas ganz Besonderes sind.

Jetzt sagt Papa zu Mama: „Sophie hat recht. Es reicht für die Gesundheit vollkommen aus, wenn man viel zu Fuß geht. Es kommt darauf an, dass man sich bewegt, und nicht darauf, dass man irgendeine Sportart macht. Und Sophie bewegt sich ja viel. Sie muss keinen Sport können. Sie hat eine viel schönere Begabung, wie ich finde. So tolle Bilder und Fotos macht sonst niemand, den ich kenne. Sophie ist eben keine Sportlerin, sondern eine Künstlerin."

Sophie schaut ihren Papa dankbar an. Mama lächelt: „Ja, das stimmt. Sophie ist eine echte Künstlerin." Nach kurzem Zögern fügt sie an: „Dann ist es eben so, dann bin ich mit meinem Sport eben allein. Ich höre jetzt auf, euch damit zu nerven." Sophie nimmt ihre Mama in die Arme und sagt lachend: „Ich kann dich ja fotografieren oder malen, wenn du deinen Sport machst!" Alle lachen und finden, dass das eine sehr gute Idee ist. Nach einer kleinen Weile hat Mama aber noch eine Frage an Papa: „Also gut,

Sophie ist eine Künstlerin und ich bin eine Sportlerin. Aber was bist du eigentlich?" Papa überlegt und schaut Sophie hilfesuchend an. Sophie sagt lachend: „Er ist mein Papa. Das ist doch genug!" Jetzt schaut Papa seine Sophie sehr dankbar an und alle drei nehmen sich lachend in die Arme.

Ein kleines Mädchen kämpft für eine bessere Welt

Josefine ist sechs Jahre alt und wohnt mit ihrer Mama, ihrem Papa und ihrem kleinen Bruder Lukas in einer ruhigen kleinen Stadt. Die Familie hat ein schönes Haus, aber das Schönste daran ist der Garten.

Es ist ein großer Garten, der aussieht wie ein richtiger kleiner Wald. Alles ist ganz natürlich. Es gibt viele große Bäume, Sträucher, Wildblumen und allerhand andere Pflanzen, die in einem Wald so wachsen. Ein kleiner Teich ist auch in dem Garten. In dem kleinen Wald fühlen sich auch viele Tiere wohl, ganz besonders die Vögel. In den Bäumen und Sträuchern gibt es viele Plätze, wo ganz unterschiedliche Vogelarten Unterschlupf finden und ihre Vogelbabys großziehen können.

In Josefines Garten wohnen aber auch zwei Eichhörnchen, ein Igel, eine kleine Mäusefamilie und einige Frösche. Und natürlich gibt es Käfer, Schmetterlinge, Bienen, Libellen und viele andere kleine Tiere. Josefine liebt die Natur und sie hat großes Glück, dass ihre Mama und ihr Papa die Natur genauso sehr lieben. Auch der vierjährige Lukas ist ganz begeistert von dem schönen kleinen Wald direkt vor der Haustür.

Mama und Papa haben Josefine und Lukas beigebracht, dass die Natur sehr wichtig ist und dass man allen Tieren und Pflanzen mit Liebe und Respekt begegnen muss. Mama ist Klimaforscherin und weiß, dass wir alle die Natur zum Leben brauchen und wie schlecht es der Natur geht. Papa ist Biologe und hat sich vor einigen Jahren entschlossen, eine Bio-Gärtnerei aufzumachen.

Dort baut Papa Gemüse, Obst und Kräuter an, alles ganz natürlich und ohne Chemie. Die Gärtnerei ist am Rand der kleinen Stadt und viele Menschen aus der Stadt haben dort eine gute Arbeit. Die meisten Menschen in dieser Stadt gehen gut mit der Natur um. Das war nicht immer so, aber Josefine und ihre Eltern haben den Menschen erklärt, dass wir alle auf die Natur aufpassen müssen, sie beschützen müssen und ihr keinen Schaden zufügen dürfen.

Seit Josefine laufen und sprechen kann, hat sie es sich zur Aufgabe gemacht, die Natur zu beschützen und die Welt zu verbessern. Sie weiß schon sehr viel über Tiere und Pflanzen. Sie weiß auch, dass ganz viel Müll im Meer schwimmt, dass die Luft nicht mehr sauber ist und dass das Klima durcheinander ist.

Überall, wo Josefine ist, passt sie darauf auf, dass niemand zu viel Strom, Wasser und Heizung benutzt und dass kein Müll in die Natur geworfen wird. Sie weiß auch schon lange, wie man den Müll zu Hause richtig trennt und dass Fahrradfahren besser ist als Autofahren. Außerdem passt sie auf, dass niemand Tiere oder Pflanzen verletzt. Im Kindergarten gab es Kinder, die Spaß daran hatten, Tiere zu ärgern und Blumen kaputtzumachen. Die Erzieherinnen haben das nicht immer schnell genug bemerkt. Aber Josefine ist sofort hingegangen und hat gesagt: „Alle Tiere und Pflanzen leben, genauso wie wir. Stellt euch vor, es kommt ein Mensch, der viel größer ist als ihr und macht so etwas mit euch. Findet ihr das gut?" Die Kinder waren sehr traurig über das, was sie getan haben und haben nie wieder so etwas Böses gemacht.

Josefine hat auch schon als kleines Kind beschlossen, dass sie sich vegetarisch ernähren will. Sie isst kein Fleisch, keine Wurst und keinen Fisch. Josefine hat damals zu Mama und Papa gesagt: „Ich liebe Tiere und will, dass sie leben. Ich selbst will doch auch nicht gegessen werden. Also ist es auch nicht richtig, wenn ich Tiere esse. Die wollen auch nicht gegessen werden." Mama und Papa haben dann auch aufgehört, Tiere zu essen. „Milch, Käse, Joghurt und Eier sind aber okay", hat Josefine gesagt, „das geben die Tiere ja freiwillig, ohne zu sterben!"

Josefine hat später auch Lukas, eine Erzieherin und ein paar andere Kinder und deren Eltern überzeugt, keine Tiere mehr zu essen.

Einige haben aber auch gesagt, dass sie nicht auf Fleisch verzichten können. Da hat Josefine gesagt: „Na gut, ich bin euch nicht böse. Ich verstehe, dass es schwer ist. Doch wenn ihr es wirklich wollt, dann schafft ihr es. Aber wenn ihr schon Tiere esst, dann bitte Bio. Da hatten die Tiere dann wenigstens ein gutes Leben." Alle haben Josefine das versprochen und es auch gehalten.

Die meiste Zeit verbringt Josefine damit, in ihrem eigenen kleinen Wald und in der Natur in der Umgebung nach den Tieren und Pflanzen zu sehen. Sie beobachtet, was sich verändert, und hält Ausschau, ob ein Tier oder eine Pflanze Hilfe braucht. Josefine kennt sich gut aus und hat schon vielen Naturbewohnern geholfen. Sie schreibt aber auch auf, welche Tiere und Pflanzen sie sieht, und macht Fotos. „So kann ich sehen, wie es der Natur geht und ob es mit der Zeit mehr Tiere und Pflanzen gibt!“, hat sie ihren Freunden erklärt. Ihre drei besten Freunde Hannah, Christoph und Valentina machen auch oft mit, und auch der kleine Lukas ist mit seinem besten Freund Marc schon dabei. Josefines Mama und Papa sind stolz auf ihre kleine Naturschützerin und Weltverbesserin. „Wenn mehr Kinder so sind, vielleicht besteht dann ja doch noch Hoffnung für die Welt“, hat Mama einmal zu Papa gesagt.

Inzwischen geht Josefine schon in die Schule. Ihre besten Freunde und viele andere Kinder aus dem Kindergarten sind mit ihr zusammen in die erste Klasse gekommen. Josefine findet es nicht so schön, dass sie jetzt nicht mehr ganz so viel Zeit für ihre geliebte Natur hat. Aber sie weiß auch, dass jedes Kind zur Schule gehen muss und dass es wichtig ist, gut lesen, schreiben und rechnen zu können. Vieles, was sie jetzt in der Schule lernt, weiß sie aber schon.

Sie kann schon gut lesen und auch schreiben, und sogar rechnen kann sie schon ein bisschen. Das alles hat sie ja schon gebraucht, um viel über die Natur zu lernen und ihre Naturbeobachtungen zu machen. Also ist die Schule ziemlich langweilig für sie. Ihre Freunde und die anderen Kinder in der Klasse können noch nicht alles so gut wie Josefine. Manche konnten noch gar nicht lesen, als die erste Klasse angefangen hat.

Josefine weiß, dass es in dem Alter ganz normal ist, das noch nicht zu können. Sowieso geht sie sehr nett mit allen um, denn sie weiß auch, dass alle Menschen zusammen in Frieden leben und sich helfen sollten. Josefine lacht also nicht über die, die noch nicht so viel können, und sie macht auch keine Sprüche und verdreht nicht genervt die Augen. Mit den meisten Kindern aus der Klasse und mit den Lehrern kommt sie auch gut klar. Viele Kinder kennt sie ja auch schon aus dem Kindergarten und viele der neuen Kinder sind auch nett.

Josefine will natürlich wie immer die Welt verbessern und in der ersten Klasse sind nun Kinder, die noch nicht so naturbewusst sind wie sie. Deshalb erzählt sie seit dem Tag der Einschulung allen neuen Kindern und auch den Lehrern, dass man gut mit der Natur umgehen muss. Sie erklärt ihnen natürlich auch, wie man das macht. Die Lehrer finden es ganz toll, was Josefine tut.

Viele Kinder hören auch auf sie und passen jetzt mehr auf die Natur auf. Aber leider gibt es da jetzt auch Kinder, die ganz anders sind. Drei Jungen in der Klasse machen sich über Josefine und ihre Freunde lustig und ärgern sie. Die Natur ist ihnen egal und sie wollen auch nichts darüber lernen. Im

Gegenteil, sie haben Spaß daran, sie kaputtzumachen. Josefine und ihre Freunde haben schon oft gesehen, wie die drei Jungen auf dem Schulhof und auf dem Schulweg Blumen zertreten, Äste abgebrochen und Vögel mit Steinen beworfen haben. Außerdem werfen sie immer achtlos ihren Müll in die Gegend.

Josefine hat den drei Jungen natürlich immer gesagt, dass sie damit aufhören sollen. Sie hat versucht, in Ruhe mit ihnen zu reden und ihnen vernünftig zu erklären, dass man so etwas nicht tun darf. Josefine hat auch erklärt: „Wenn ihr die Natur zerstört, dann zerstört ihr eure eigene Zukunft. Wir Menschen brauchen die Natur, um leben zu können." Aber die drei dummen Jungen haben nur gelacht und noch mehr kaputtgemacht. Seit sie wissen, dass Josefine kein Fleisch isst, bringen sie immer extra viel Fleisch und Wurst mit in die Schule und packen es grinsend vor ihr aus. Und sie haben Josefine einen Spitznamen gegeben: „Möhre". Sogar im Unterricht sprechen sie Josefine mit diesem Spitznamen an.

Die Lehrer haben die drei Jungen immer wieder ermahnt, aber es hat nicht geholfen. Josefine ist verärgert. Sie hat nichts gegen Möhren, sie mag sie sogar sehr gern, aber sie möchte nicht so gerufen werden. Ihre besten Freunde Hannah, Valentina und Christoph werden nicht ganz so schlimm ausgelacht und geärgert, aber auch auf sie haben es die drei blöden Jungen abgesehen. Der Rest der Klasse ist genervt von dem Streit und versucht, sich aus allem herauszuhalten.

Hannah fragt die Mitschüler einmal, als die drei blöden Jungen noch nicht da sind: „Warum sagt ihr eigentlich nichts? Ihr mögt doch auch die Natur. Oder nicht?“ Alle gucken verlegen. Ein Mädchen sagt: „Ja, aber was sollen wir denn machen? Die ärgern doch jeden, der etwas gegen sie sagt.“

Christoph antwortet: „Wir sind viele und die sind nur zu dritt." Valentina fügt hinzu: „Aber ihr müsst auch etwas sagen, sonst sind wir vier zu wenige und die drei fühlen sich stark und machen immer weiter." Zu Josefine sagt sie: „Hey, Josefine, sag doch auch mal was!" Josefine schweigt aber und schüttelt nur den Kopf. Dann sagt sie doch etwas: „Es bringt doch alles nichts." Ihre Freunde sind schockiert. Josefine hat noch nie so etwas gesagt und auch noch nie so mutlos ausgesehen wie jetzt. Was ist passiert?

Es sind inzwischen drei Monate seit der Einschulung vergangen und Josefine hat langsam große Zweifel. Sie zweifelt natürlich nicht daran, dass es richtig ist, die Natur zu beschützen. Aber sie fragt sich, ob es überhaupt eine Aussicht auf eine gute Zukunft gibt. Das geht schon ein paar Wochen so, aber bisher hat sie es vor ihren Freunden verheimlicht. Immer öfter zieht sie sich am Nachmittag in ihr Zimmer zurück und geht nicht mehr raus. Sie behauptet dann, dass sie noch etwas für die Schule machen muss oder dass es ihr nicht gutgeht. Morgens vor der Schule hat sie schlechte Laune und am Mittag, wenn sie zurückkommt, ist ihre Laune noch viel schlechter. Das ist auch Josefines Eltern schon aufgefallen. Sie machen sich Sorgen um ihre kleine Weltverbesserin.

„Was ist denn los mit dir?“, fragt Mama beim Abendbrot. „Ach, nichts“, antwortet Josefine, „nur die blöden Jungs in der Schule.“ Natürlich hat Josefine ihren Eltern schon oft von den drei Jungen erzählt. „Kümmere dich doch gar nicht um die“, sagt Papa. Jetzt mischt Lukas sich ein: „Aber wenn die alles kaputtmachen und Josefine ärgern?“ Mama erklärt: „Manche Menschen sind so. Man kann sie nicht ändern.“ Josefine ruft: „Das ist es ja! Diese Jungen sind gemein und wollen nicht verstehen, dass wir unsere Natur beschützen müssen und dass wir sie zum Leben brauchen! Und bestimmt sind sie nicht die einzigen Menschen, die so sind! Was macht alles für einen Sinn, wenn es solche Menschen gibt, die immer alles kaputtmachen? Sie zerstören alles, was wir retten wollen. Wenn die immer weiter so dumm sind, gibt es bald keine Zukunft mehr!“

Mama, Papa und Lukas sehen sehr traurig aus. Doch Mama sagt: „Meine kleine Josefine, es stimmt leider, dass es viele solcher Menschen gibt. Aber es gibt auch viele gute Menschen. Und es gibt viele, die es einfach noch nicht besser wissen, aber die von dir lernen können. Du hast schon so vielen Kindern und auch Erwachsenen erklärt, wie man gut mit der Natur umgeht, und du hast so vielen Tieren und Pflanzen geholfen. Ich weiß nicht, wie die Zukunft aussieht und ob wir unseren Planeten retten können. Aber ich weiß, dass wir es versuchen müssen und nicht aufgeben dürfen. Und du darfst auch nicht aufgeben, nur weil drei Jungen in deiner Klasse so doof sind. Solche Menschen gibt es überall, leider.

Aber du darfst sie nicht beachten, sonst rauben sie dir deine Kraft. Du musst stark bleiben und an dich glauben. Dann kannst du ganz bestimmt ganz viel Gutes für die Welt tun."

Papa nickt und Lukas fügt an: „Und du bist ja auch nicht allein. Du hast mich und Marc und deine Freunde. Und Mama und Papa natürlich!" Josefine muss lächeln. Ja, jetzt fühlt sie sich wieder stark und mutig. Morgen nach der Schule wird sie sich wieder um ihre geliebte Natur kümmern, zusammen mit ihren Freunden.

Aber vorher gibt es in der Schule noch eine Überraschung. Josefines Freunde und Mitschüler haben sich etwas ausgedacht, um zu zeigen, dass sie alle gegen die drei blöden Jungen zusammenhalten. Alle haben große Namensschilder vor sich auf die Tische gestellt. Und was steht darauf? Namen von Gemüsesorten, die den Kindern eingefallen sind: Brokkoli,

Paprika, Kartoffel, Kohlrabi, Rotkohl, Radieschen, Sellerie, Gurke, Salat, Spinat und Porree.

Weil die Kinder auf die Schnelle nicht mehr Gemüsesorten wussten, gibt es auch einiges Obst in der Klasse. Josefine „Möhre" freut sich über die Unterstützung. Auch der Lehrer freut sich. Schnell lässt er seinen Blick über die Namensschilder schweifen und sagt: „Oh, mein Lieblingsgemüse ist ja noch gar nicht da!" Dann bastelt er sich schnell auch noch ein Schild, auf dem steht: „Blumenkohl".

Als die drei blöden Jungen wie immer eine Minute vor Unterrichtsbeginn in die Klasse kommen, stehen ihnen vor Erstaunen die Münder offen. Man sieht, dass sie gern dumme Sprüche machen wollen, aber man sieht auch, dass ihnen nichts einfällt. Josefine und die anderen sitzen ganz ruhig da und freuen sich still, ohne etwas zu sagen. „Ja", denkt Josefine, „man darf niemals aufgeben."

Der erste große Auftritt

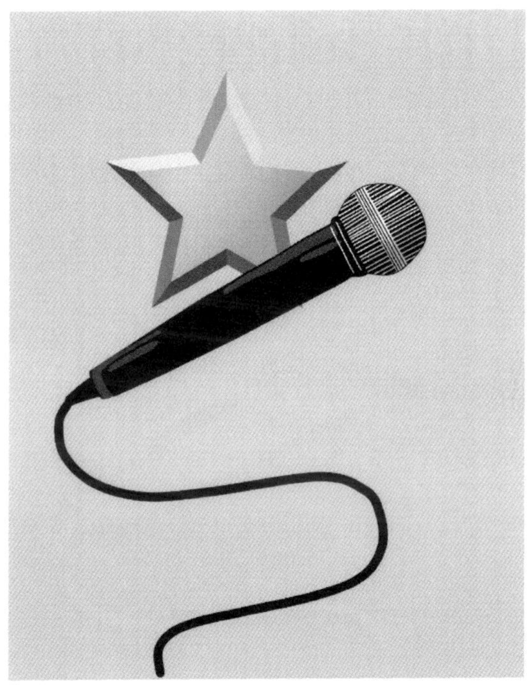

Eileen wohnt mit ihren Eltern in einer schönen Wohnung in einer kleinen Stadt am Meer. Sie liebt es, mit ihren Freunden am Strand zu spielen und im Meer zu schwimmen. Am meisten liebt sie aber das Singen. Das war schon so, als Eileen noch ganz klein war. Da hat sie zwar meistens noch die üblichen

Kinderlieder gesungen oder einfach vor sich hin gesummt.

Aber sie hat auch schon ganz interessiert der Musik zugehört, die Mama und Papa auf CDs und im Radio gehört haben. Schon mit zwei Jahren hat sie versucht, bei dieser Musik mitzusingen. Natürlich hat das noch nicht so gut geklappt, besonders weil die meisten Lieder auf Englisch waren. Aber es hat ihr Spaß gemacht und alle haben gesehen und gehört, dass Musik für Eileen etwas ganz Wichtiges ist.

Sie hat ein besonderes Gefühl für die Musik und eine wunderschöne Stimme, und sobald sie Musik hört, vergisst sie alles um sich herum. Musik ist einfach Eileens Welt und ihre große Leidenschaft. Mama und Papa haben Eileens große Begabung gleich erkannt. Sie haben Eileen singen lassen, so viel sie wollte. Als Eileen vier Jahre alt war, hat sie mit Papas Hilfe angefangen, die Songtexte von den CDs richtig zu lernen. Papa hat vorgelesen und Eileen hat nachgesprochen, und dann hat sie mit der Musik im Hintergrund weiter geübt. Mama und Papa waren erstaunt und begeistert, wie schnell Eileen die Songs gelernt hat und wie gut sie wirklich singen kann.

Inzwischen ist Eileen zehn Jahre alt und geht in die vierte Klasse. Das Singen ist noch immer ihre größte Leidenschaft, aber inzwischen ist es mehr als nur ein Hobby. Sie hat den festen Wunsch, eine richtige Sängerin zu werden und damit ihr Geld zu verdienen. Mama und Papa unterstützen Eileen dabei, aber sie erklären ihr auch, dass sie trotzdem einen guten Schulabschluss machen sollte. „Dann hast du mehr Möglichkeiten und kannst einen anderen guten Job machen, wenn es mit der Musik mal nicht so gut läuft", sagen sie. Eileen weiß das, denn sie weiß alles über die Welt der Musik. Sie weiß, dass es einige Sänger und Bands gibt, die gut von der Musik leben können, aber dass es bis dahin ein weiter Weg ist und dass viele immer noch nebenbei etwas anderes arbeiten müssen. Also lernt sie neben dem Singen auch noch fleißig für die Schule. Mit ihren Freunden verbringt sie trotzdem auch noch viel Zeit. „Wie schaffst du das eigentlich alles?“, hat ihre beste Freundin Luisa einmal gefragt. „Keine Ahnung“, hat Eileen geantwortet, „aber die Musik gibt mir wohl Kraft.“

Zu ihrem siebten Geburtstag hat Eileen ein richtig gutes Mikrofon von ihren Eltern bekommen und Papa hat auf seinem Computer ein Programm, mit dem Eileen ihren Gesang aufnehmen kann. Papa unterstützt Eileen dabei aber auch musikalisch, denn er spielt Gitarre. Und das macht er richtig gut, findet Eileen. Eileen schreibt nun auch schon länger eigene Songtexte und erklärt ihrem Papa auch, wie sie sich die Musik dazu vorstellt. Die beiden sind ein gutes Team. Was für ein Glück, dass sie den gleichen Musikgeschmack haben. Eileen mag wie ihr Papa und ihre Mama nämlich am liebsten Rockmusik. Damit ist sie unter ihren Freunden und in ihrer Schulklasse aber ziemlich allein. Die meisten anderen Kinder hören Hip-Hop, Deutsch-Rap oder Pop. Einige hören auch einfach alles. Es wird hier aber niemand für seinen Musikgeschmack ausgelacht, denn alle Kinder wissen: Jeder mag eben etwas anderes, und das ist gut so.

Es gibt aber einen Jungen in Eileens Klasse, der auch so gern Rockmusik hört wie sie. Er heißt Ben und spielt seit einem halben Jahr Schlagzeug. „Na ja, ich lerne es, Schlagzeug spielen ist richtig schwer", sagt er bescheiden. Neulich hat Ben zu Eileen gesagt: „Ich übe ganz viel und bestimmt kann ich bald gut spielen. Und du kannst so toll singen. Wollen wir dann zusammen Musik machen? Viele bekannte Musiker und Sänger haben schon ganz früh angefangen, einige sogar schon mit zwölf Jahren." Eileen war von der Idee begeistert, hat aber gesagt: „Für eine richtige Rockband brauchen wir dann aber noch mehr Leute. Mindestens zwei, einen für die E-Gitarre und einen für den Bass. Ein Keyboard wäre natürlich auch noch gut.“ Ben hat gelacht und gesagt: „Das wird schon. Wir finden bestimmt jemanden.“ Und so haben die beiden angefangen, einen gemeinsamen Traum zu träumen.

Jetzt ist es Dezember, in drei Wochen ist Weihnachten. Wie jedes Jahr gibt es in der Schule eine große Weihnachtsfeier, zu der auch die Eltern, Geschwister und Großeltern aller Kinder eingeladen sind. Auch der Chor soll bei der Feier singen. Eileen ist nicht im Chor, obwohl sie so gern singt. Woran liegt das? Nun ja, eigentlich war sie mal im Chor. Als sie in der ersten Klasse gehört hat, dass es an ihrer Schule einen Chor gibt, war sie ganz begeistert und wollte unbedingt mitmachen. Einmal war sie auch da, aber dann nie wieder. Denn sie hat dort eine große Enttäuschung erlebt: Es wurden gar keine richtigen Songs gesungen, sondern Kinderlieder.

„Da singe ich lieber weiter allein zu Hause", hat Eileen gesagt. Ihre beste Freundin Luisa, die auch im Chor war, hat ein bisschen traurig geantwortet: „Schade, ich dachte, wir machen das zusammen. Aber ich kann dich schon verstehen. Du bist halt eine richtige Sängerin. Dann sollst du auch richtige Lieder singen." Luisa ist immer noch im Chor. Sie singt auch gern, aber für sie ist es einfach nur Spaß.

Heute Nachmittag erzählt Luisa ihrer Freundin Eileen: „Du, wir haben ein großes Problem im Chor. Wir sollen ja bei der Weihnachtsfeier singen. Aber unsere Hauptsängerin ist krank und kann nicht mehr mit uns proben. Und wahrscheinlich wird sie nicht mal bis zur Feier wieder richtig gesund." Dabei schaut sie Eileen hoffnungsvoll an. Eileen versteht diesen Blick, aber will ihn nicht verstehen. Deshalb sagt sie nur: „Oh, das ist ja blöd. Dann muss wohl jemand anderes die Hauptstimme singen." Dann lenkt sie schnell ab: „Sag mal, hast du das heute in Mathe verstanden?" Luisa sieht betrübt aus, aber erklärt Eileen die Mathe-Aufgaben.

Am nächsten Tag hat die Klasse Musikunterricht. Herr Wohlklang, ihr Musiklehrer, leitet auch den Chor. Luisa wirft Herrn Wohlklang bedeutungsvolle Blicke zu und zeigt dabei unauffällig auf Eileen. Der Lehrer hat den Wink verstanden. Nach der Stunde bittet er Eileen, noch einen Moment zu bleiben. Luisa bleibt natürlich auch. Herr Wohlklang sagt: „Eileen, wir brauchen deine Hilfe. Annalena, die bei der Weihnachtsfeier als Hauptsängerin auftreten sollte, ist krank. Kein anderes Kind aus dem Chor traut sich zu, ganz vorne zu stehen und das meiste allein zu singen. Ich weiß ja, was für eine großartige Sängerin du bist. Bitte, Eileen, kannst du für Annalena einspringen?"

Eileen weiß nicht, was sie antworten soll. In ihrem Kopf streiten sich zwei Stimmen. Die eine sagt: „Auf keinen Fall singe ich Kinderlieder vor der ganzen Schule und den Familien!“ Die andere sagt: „Aber die brauchen meine Hilfe und man soll doch anderen helfen.“ Luisa und Herr Wohlklang schauen Eileen erwartungsvoll an.

Eileen sagt zögernd: „Was werden denn da für Lieder gesungen?“ Und dann hört sie, wie Herr Wohlklang antwortet: „Wir haben ‚O Tannenbaum‘, ‚Kling, Glöckchen, klingelingeling‘ und ‚Schneeflöckchen, Weißröckchen‘ geplant.“ Er sieht zu spät, dass Luisa heftig den Kopf schüttelt. Dann fügt er schnell an: „Jedenfalls haben wir das bisher so gedacht.“ Luisa entspannt sich ein bisschen. Eileen entspannt sich aber nicht. Schockiert sagt sie: „Wir sind doch keine kleinen Kinder mehr! So etwas kann ich nicht singen!“

Herr Wohlklang sieht verzweifelt aus: „Aber es ist eine Weihnachtsfeier, da müssen doch Weihnachtslieder gesungen werden.“ Doch Eileen bleibt bei ihrer Meinung: „Das ist einfach zu peinlich, ich kann mich nicht vor die ganzen Leute stellen und Kinderlieder singen. Wenn das einer filmt und ins Internet stellt, kann ich es vergessen, in ein paar Jahren mit meiner Band bekannt zu werden. Alle werden dann nur noch über mich lachen!“ Damit hat sich das Thema für Eileen erledigt. Sie entschuldigt sich noch bei Herrn Wohlklang, aber dann geht sie nach Hause. Luisa ist sehr enttäuscht von ihrer besten Freundin und möchte heute lieber allein gehen.

Eileen erzählt ihren Eltern zu Hause genervt von dem Gespräch mit ihrem Musiklehrer. Mama sagt: „Ich kann dich wirklich verstehen. Aber wenn der Chor deine Hilfe braucht…“ Papa unterbricht sie: „Lass Eileen doch. Sie hat recht. Es passiert so leicht, dass jemand etwas ins Internet stellt und dann alle lachen. Eileen will wirklich das Singen zu ihrem Beruf machen. Das ist wichtiger als die Weihnachtsfeier."

Eileen springt auf und nimmt ihren Papa in die Arme. Aber dann sagt Papa: „Moment, ich habe da vielleicht eine Idee, wie du trotzdem helfen kannst." Eileen und Mama schauen ihn gespannt an. Papa erklärt: „Viele Rockmusiker haben auch Weihnachtslieder gemacht, nur eben auf eine andere Art. Du könntest doch versuchen, den Chor zu überzeugen, dass ihr solche Songs singt." Er holt sein Handy und spielt Eileen ein paar Weihnachtssongs von bekannten Rockstars vor. „Hm, coole Idee!", sagt Eileen. Mama nickt begeistert. „Mal schauen, was die dazu sagen", fügt Eileen dann an. Sie hat ein bisschen Zweifel, ob die anderen im Chor so begeistert davon sind.

Am nächsten Tag ist Chorprobe. Das weiß Eileen, weil Luisa da ja immer hingeht. Heute staunt Luisa nicht schlecht, als sie plötzlich Eileen in den Proberaum kommen sieht. Auch Herr Wohlklang ist sehr überrascht. Eileen fängt sofort an, zu reden: „Ich mache vielleicht doch mit bei der Weihnachtsfeier. Aber ich kann nur singen, was mir gefällt. Ich weiß, es müssen Weihnachtslieder sein. Aber es gibt auch Weihnachtslieder von Rockmusikern." Eileen holt ihr Handy aus der Tasche und ruft die Songs auf, die Papa ihr gestern gezeigt hat. Herr Wohlklang strahlt über das ganze Gesicht. Luisa und die anderen Kinder haben große Augen. Ein Mädchen sagt: „Das ist ja echt viel cooler als das, was wir sonst singen!" Die anderen nicken. Doch ein Junge hat Bedenken: „Wie sollen wir denn lernen, so zu singen? Und außerdem braucht man dafür Musik. Gitarre und Schlagzeug und so." Eileen antwortet: „Das mit dem Singen klappt schon. Die Hauptstimme singe ja sowieso ich.

Und was ihr singen müsst, bringe ich euch bei. So schwer ist das nicht!“

Herr Wohlklang, der immer noch strahlt, fügt an: „Und für die Musik sorge ich! Ein paar andere Lehrer und ich machen in der Freizeit zusammen Musik. Ich spiele Gitarre, Frau Trommelwirbel spielt Schlagzeug, Herr Tastsinn spielt Keyboard und Frau Viersaiten spielt Bass-Gitarre. Das wird super! Ihr fangt gleich mit dem Singen an und ich spreche mit meinen Kollegen. Wir haben noch fast zwei Wochen zum Üben. Das klappt auf jeden Fall!“ Zu Eileen sagt er: „Danke, liebe Eileen, dass du uns hilfst und dass wir mit richtig tollen Songs auftreten werden!“ Auch Luisa und die anderen bedanken sich herzlich bei ihrer Helferin. Eileen lächelt bescheiden und sagt: „Dankt lieber meinem Papa, ohne ihn wäre ich nicht auf diese tolle Idee gekommen!“

Und dann geht es los. Der Chor trifft sich ab jetzt fast jeden Nachmittag und übt jedes Mal mindestens zwei Stunden lang. Eileen hat die Songs wie immer sehr schnell gelernt und kann sie perfekt singen. Nun erklärt sie den anderen, an welchen Stellen sie mitsingen sollen, und übt mit ihnen zusammen den Gesang. Die Lehrer üben auch fleißig ihre Instrumente und bald sind alle so weit, dass sie zusammen proben können. Drei Tage vor dem Auftritt hört sich schon alles sehr gut an. Trotzdem proben sie noch weiter. Nach der letzten Probe kommt Eileen abends glücklich nach Hause und sagt: „Wir sind jetzt richtig gut! Das wird bestimmt super morgen." Mama und Papa freuen sich mit Eileen. Mama sagt stolz: „Dein erster großer Auftritt, Eileen. Das erste Mal auf einer richtigen Bühne. Später wirst du bestimmt oft auf großen Bühnen stehen."

Eileen lächelt, aber irgendwie wird ihr in dem Moment komisch. Auf einmal hat sie keinen Appetit mehr und mag ihr Abendbrot nicht aufessen. „Na, bekommst du jetzt doch ein bisschen Lampenfieber?“, fragt Papa lächelnd. „Ich doch nicht, ich bin nur einfach schon satt“, sagt Eileen gequält. Mama und Papa zwinkern sich zu. Eileen geht bald in ihr Zimmer, aber schlafen kann sie nicht. Es war alles so selbstverständlich, das mit dem Singen und das mit dem Auftritt.

Dass sie dabei auf einer Bühne vor ganz vielen Menschen steht, die sie nicht einmal alle kennt, hat sie gar nicht bedacht. Sie hätte auch nie gedacht, dass sie damit ein Problem haben könnte. „Ich will doch ein berühmter Rockstar werden, da darf ich doch keine Angst haben, auf einer Bühne zu stehen und vor Leuten aufzutreten!“, denkt sie verzweifelt, während sie in ihrem Bett liegt und die Zimmerdecke anstarrt. Irgendwann schläft sie dann aber doch ein.

Beim Aufwachen geht es ihr etwas besser, aber die Gedanken kommen schnell wieder. Eileen möchte nicht frühstücken. Aber Mama sagt: „Du musst etwas essen, sonst fällst du vor Schwäche von der Bühne.“ Diese Vorstellung hat Eileen jetzt auch noch gebraucht. Aber immerhin isst sie tapfer ein halbes Brötchen.

Dann sagt sie ihre Gedanken endlich laut: „Was, wenn ich plötzlich ganz schlecht singe? Oder wenn alles einfach nicht mehr so klappt, wie wir es geübt haben? Oder die Leute die Musik einfach nicht mögen? Viele Kinder mögen keine Rockmusik.“ Papa lächelt und sagt: „Es wird alles gutgehen und alle werden euch lieben. Ganz sicher!“ Mama fügt an: „Und wir sind ja auch noch da. Schau einfach uns an, während du singst.“ Eileen fühlt sich nicht wirklich besser, aber sie will das irgendwie schaffen. „Ich kann die anderen ja nicht im Stich lassen“, denkt sie.

Eileen und ihre Eltern fahren schon früh zur Schule, weil der Chor und die Lehrer-Band sich vor dem Auftritt noch einmal treffen wollen. Ein paar andere Schüler und ihre Familien sind aber auch schon da, denn es gibt auch Kuchen, Kekse und Spiele auf der Feier. Und die Theater-AG hat später auch noch einen Auftritt, für den sie noch einmal proben will.

Eileen sieht Ben, mit dem sie ja später eine Rockband gründen will. „Hallo Eileen“, begrüßt er sie und sagt: „Ich freue mich total auf deinen Auftritt!“ Eileen lächelt wieder gequält. Ben sieht sofort: „Du hast ja Lampenfieber!“ Dann lacht er: „Hey, du musst dich dran gewöhnen, auf einer Bühne zu stehen. Sonst wird das mit unserer Band nichts!“ Bens lockere Art hilft Eileen ein bisschen. „Ja, ich weiß, ich schaff das schon“, sagt sie und ihr Lächeln sieht nicht mehr ganz so gequält aus.

Dann geht sie zu den anderen aus dem Chor. Jetzt muss Eileen lachen: „Ihr seht so aus, wie ich mich fühle!“ Alle haben diesen speziellen gequälten Gesichtsausdruck. Ganz besonders schlimm sieht Herr Tastsinn aus. Auf einmal fühlt Eileen sich besser. „Puh, ich bin nicht allein damit“, denkt sie. Laut sagt sie: „Leute, wir packen das. Ganz bestimmt!“ Keiner sagt etwas. Eileen, die sich eigentlich selbst gerade nicht so mutig fühlt, muss jetzt Mut für alle haben. Sie erklärt den anderen: „Wir atmen jetzt mal alle ganz tief und entspannt und stellen uns vor, dass alles super läuft. Das wird es nämlich. Unser Auftritt wird toll. Und wir gehen da ja alle zusammen raus. Und zusammen schaffen wir das auch!“ Dann fügt sie noch an: „Lächelt mal! Es ist doch schön, was wir auf die Beine gestellt haben. Wir können alle schon jetzt stolz auf uns sein.“ Langsam entspannen sich wirklich alle. Nur Herr Tastsinn sieht immer noch aus, als wäre er gerade am liebsten woanders. Aber er hat keine Wahl, er muss mit.

Und dann geht es raus auf die Bühne. Der Schulleiter hat zuvor schon angekündigt, dass der Chor dieses Jahr eine ganz besondere Überraschung vorbereitet hat. Alle sind gespannt und jubeln schon, als Eileen mit ihrem Chor und ihrer Band auf die Bühne kommt. Sofort entdeckt Eileen ihre Mama, ihren Papa und ihre Großeltern im Publikum. Auch Ben sieht sie, wie er fröhlich beide Daumen in die Höhe streckt. Alle Anspannung fällt von Eileen ab. Und so geht es anscheinend auch den anderen. Alle singen und spielen, als hätten sie nie etwas anderes gemacht, und haben richtig Spaß. Und alle im Publikum haben genauso viel Spaß. Nach jedem Song wird kräftig geklatscht und gejubelt. Einige Eltern, Großeltern und Lehrer hält es nicht mehr auf ihren Plätzen, sie stehen auf und tanzen. Sogar der Schulleiter tanzt. Leider sind im Programm nur drei Songs vorgesehen. Als der dritte Song vorbei ist, rufen alle: „Zugabe, Zugabe!“

Eileen tauscht einen Blick mit dem Schulleiter aus und nickt dann ihrem Chor und ihrer Band zu. Los geht’s, jetzt kommt die Zugabe. Sie haben zum Glück noch zwei Songs als Reserve vorbereitet. Alle sind glücklich, ganz besonders Eileen. Der erste große Auftritt ist geschafft. Und viele weitere werden folgen, da sind Eileen und Ben sich sicher.

Zusammen ist nichts zu schwierig

Svenja ist neun Jahre alt und wohnt in einer hübschen Wohnung in einer großen Stadt. Zum Glück ist die Wohnung am Stadtrand in einem ruhigen Wohngebiet, wo es sogar noch ziemlich viel Natur gibt. Svenja wohnt aber natürlich nicht allein in der Wohnung. Mit ihr zusammen leben dort ihre Mama, ihr Papa und ihre kleine Schwester Laura. „Na ja, eigentlich wohnt Papa ja gar nicht wirklich bei uns", hat Svenja mal gesagt. Irgendwie hat sie recht, denn Papa ist sehr, sehr selten zu Hause.

Papa ist nämlich LKW-Fahrer. Er arbeitet für eine Firma, die Nahrungsmittel und andere Sachen von einem Ort zum anderen liefert. Er fährt mit einem großen LKW quer durch Deutschland und sogar durch ganz Europa. Dabei ist er oft die ganze Woche lang unterwegs. Er kommt also nicht wie die meisten anderen Eltern abends nach Hause und fährt am nächsten Morgen wieder los, sondern er ist viele Tage nacheinander nicht da. Auch an den Wochenenden ist er nicht immer zu Hause.

Es kommt nämlich vor, dass er von einer weiten Strecke erst am Sonntagabend oder Montagmorgen zurückkommt. Das kommt sogar ziemlich oft vor. Dann hat er zwar am Montag frei, aber die Familie kann trotzdem nicht viel zusammen machen, es sei denn, es sind gerade Ferien. Sonst hat Svenja während der Woche natürlich Schule. Mama muss wochentags auch arbeiten, denn mit dem Geld, das Papa beim LKW-Fahren verdient, kann er nicht allein für die Familie sorgen. Dafür ist es einfach zu wenig. So sehen Mama und Papa sich auch sehr selten.

Diese Situation gefällt niemandem in der kleinen Familie gut. Alle sind sehr traurig, dass sie so wenig Zeit zusammen haben. Svenja hat auch schon gehört, dass Mama und Papa sich gestritten haben, weil Papa kaum zu Hause ist. „Aber das ist nun mal meine Arbeit und ich finde keine andere", hat Papa gesagt.

Mama will das nicht verstehen. „Es muss doch eine andere Möglichkeit geben", hat sie geantwortet. Svenja hat sich in den Streit eingemischt und gesagt: „Papa, du bist so selten zu Hause. Bitte streitet euch nicht auch noch in der kurzen Zeit, die wir zusammen haben. Lasst uns lieber etwas Schönes zusammen machen." Mama und Papa waren sehr bedrückt, dass Svenja den Streit mitbekommen hat und dass sie sich überhaupt gestritten haben. „Du hast ja recht, Große", haben sie beide gesagt und Svenja ganz fest in die Arme genommen. Dann sind alle drei gemeinsam zu Laura ins Zimmer gegangen und haben mit ihr zusammen etwas gespielt.

Wenn Papa und Mama arbeiten müssen, kümmert Svenja sich um Laura. Svenja ist ja schon groß und sehr verantwortungsbewusst. Mama arbeitet in der Woche den ganzen Tag im Büro in einer großen Firma. Nur am Freitag kommt sie manchmal etwas früher nach Hause. Die Arbeit an sich findet Mama gut, denn die Kollegen sind alle nett. Nicht gut findet sie, dass das Büro ganz am anderen Ende der großen Stadt ist. Sie muss jeden Morgen eine Stunde vor der Arbeit losfahren, um rechtzeitig da zu sein, und jeden Abend dauert es auch eine Stunde, bis sie nach der Arbeit wieder zu Hause ist. Morgens muss

Mama schon um halb sieben losfahren. Svenja und Laura stehen extra viel früher auf, als sie es eigentlich müssten, denn sie wollen gern mit Mama zusammen frühstücken. Dann bringt Svenja ihre kleine Schwester Laura in den Kindergarten. Laura ist erst drei Jahre alt. Zum Glück ist der Kindergarten gleich um die Ecke und Svenjas Grundschule ist direkt neben dem Kindergarten.

Svenja geht in die dritte Klasse der Grundschule und sie geht gern zur Schule. Laura möchte aber am liebsten nicht in den Kindergarten gehen. Sie mag es nicht, mit so vielen fremden lauten Kindern zusammen zu sein, sie möchte lieber zu Hause bei ihrer Familie sein. Als Laura noch ganz klein war, ist Mama natürlich bei ihr zu Hause geblieben und hat noch nicht gearbeitet. In dieser Zeit hat sie Geld bekommen, ohne dafür zu arbeiten. Aber seit Laura drei Jahre alt ist, geht das nicht mehr. Mama muss wieder arbeiten gehen und es ist ja auch niemand anderes da, der zu Hause auf Laura aufpassen kann. Also muss sie in den Kindergarten. Eigentlich sollte sie den ganzen Tag dort bleiben.

So hatten Mama und Papa es geplant. Aber Laura hat da nicht mitgemacht. Einen Tag lang hat sie es ausgehalten, aber dann hat sie am Abend gesagt: „Ich gehe da nicht wieder hin." Mama und Svenja haben ihr gut zugeredet und Laura hat dann eingelenkt: „Okay, ein paar Stunden gehe ich hin. Aber nur bis zum Mittag."

Mama und Svenja haben sich verzweifelt angesehen. Svenja hat gesagt: „Wenn doch bloß Oma und Opa noch so fit wären wie früher!" Als Svenja klein war, haben Oma und Opa nämlich immer auf sie aufgepasst. Svenja wollte auch nicht so gern den ganzen Tag im Kindergarten bleiben. Sie versteht Laura also ziemlich gut. Aber jetzt können Oma und Opa nicht mehr so viel helfen wie früher. Oma und

Opa brauchen jetzt eigentlich sogar selbst Hilfe. Oma und Opa, das sind Mamas Eltern.

Svenja und Laura haben auch noch eine andere Oma und einen anderen Opa, die Eltern von ihrem Papa, aber die wohnen in Schweden. Papa kommt nämlich ursprünglich aus Schweden und ist dort aufgewachsen. Seine Eltern haben leider keine Lust, nach Deutschland zu ziehen, obwohl sie natürlich auch gern helfen würden.

Eine gute Freundin von Mama wohnt im selben Haus und arbeitet zu Hause, aber sie kann auch nicht viel helfen, denn sie muss ja arbeiten. Und die Eltern der anderen Kinder aus dem Kindergarten müssen fast alle auch den ganzen Tag arbeiten. Außerdem hat Laura im Kindergarten gar keine richtigen Freunde. Es gibt also niemanden, der auf die kleine Laura aufpassen kann.

„Doch, es gibt jemanden“, hat Svenja dann gesagt. „Wen?“ hat Mama überrascht gefragt. Svenja hat geantwortet: „Na, mich natürlich!“ Mama hat den Kopf geschüttelt: „Svenja, du kannst doch nicht den ganzen Nachmittag auf Laura aufpassen. Das geht doch nicht.“ „Doch“, hat Svenja eindringlich gesagt, „das kann ich und das will ich.“ Laura hat sich sehr gefreut.

Mama konnte es Svenja nicht ausreden und sie wusste ja auch keine andere Lösung. Also holt Svenja ihre kleine Schwester jeden Mittag nach der Schule aus dem Kindergarten ab und geht mit ihr nach Hause. Dort spielt sie mit ihr und liest ihr Geschichten vor. Sie macht auch etwas zu essen für sich und Laura. Manchmal ist noch etwas vom Abendbrot übrig, das sie schnell aufwärmen kann. Sonst gibt es belegte Brote.

Svenja kümmert sich aber nicht nur um Laura, sondern auch um den Haushalt. Sie räumt auf, macht sauber, macht den Abwasch und die Wäsche und bringt den Müll raus. Sie deckt auch schon den Tisch für das Abendbrot und fängt manchmal auch schon an, etwas für das Essen vorzubereiten. Gekocht wird dann zusammen.

Das machen Mama und Svenja beide sehr gern. Aber etwas anderes soll Mama nicht noch zu Hause machen müssen, findet Svenja. Mama ist abends immer sehr müde von der Arbeit und der weiten Fahrt. Außerdem möchte Svenja in der kurzen Zeit, in der sie selbst, Mama, Laura und manchmal auch Papa alle zusammen sind, wirklich eine schöne gemeinsame Zeit mit der Familie haben. Da soll keiner den Haushalt machen, findet sie.

Das Einzige, was Mama noch machen muss, sind die Einkäufe. Das macht sie gleich auf dem Rückweg von der Arbeit. „Bald bin ich groß genug, um auch an die hohen Regale zu kommen und die Sachen nach Hause zu tragen, dann musst du das auch nicht mehr machen!“ hat Svenja neulich zu ihrer Mama gesagt. Mama hat gelächelt, aber sie hat nicht glücklich ausgesehen.

Mama möchte eigentlich gar nicht, dass Svenja so viel macht. „Du bist doch noch ein Kind und sollst spielen und fröhlich sein“, sagt sie heute wieder besorgt. Dann fügt sie noch an: „Du willst dich doch bestimmt auch mal öfter mit deinen Freunden treffen. Und du musst dich doch auch um die Schule kümmern!“ Aber Svenja sagt: „Ich möchte mich aber um Laura und den Haushalt kümmern. Ich mache das gern!“ Was soll Mama machen? Sie ist ja am Tag nicht da und so kann sie Svenja nicht davon abhalten, sich um alles zu kümmern.

Seit mehr als einem halben Jahr geht das jetzt schon so. Auch Svenjas beste Freundin Denise und ihr bester Freund Timo machen sich Sorgen um Svenja.

In der Pause nach der zweiten Stunde sagt Denise zu Svenja: „Wir sehen dich nur noch in der Schule. Wann machen wir endlich mal wieder nachmittags was zusammen?“ Und Timo fügt an: „Wir drei waren früher immer zusammen. Es ist echt doof, dass du keine Zeit mehr hast. Denise und ich vermissen dich!“ Svenja verteidigt sich: „Aber ihr wisst doch, mein Papa ist nie da und meine Mama muss so viel arbeiten. Und Laura will nicht im Kindergarten bleiben. Ich muss ihnen doch helfen!“

Timo runzelt die Stirn: „Ich verstehe dich ja irgendwie. Aber das ist echt zu viel, was du machst. Du musst doch dein eigenes Leben leben.“ Denise nickt. Und dann sagt sie: „Und mal ganz abgesehen von uns, denk mal an die Schule. Du bist richtig schlecht geworden in fast allen Fächern. Wir drei wollen doch nächstes Jahr zusammen aufs Gymnasium gehen. Erinnerst du dich?“

Ja, Svenja erinnert sich. Sie möchte wirklich gern mit ihren beiden besten Freunden aufs Gymnasium gehen und später mal studieren. Svenja war eigentlich sehr gut in der Schule. Im Zeugnis der zweiten Klasse im letzten Sommer hatte sie nur Einsen und Zweien. Das Lernen ist ihr auch immer leichtgefallen und hat ihr Spaß gemacht. In der dritten Klasse ging es auch erst noch gut los.

Aber dann kam der Moment, wo Mama arbeiten gehen musste und Laura nicht im Kindergarten bleiben wollte. Svenja hat gedacht, sie schafft alles irgendwie auf einmal. Aber sich gleichzeitig um die Schulaufgaben und um ihre kleine Schwester und den Haushalt zu kümmern, war dann doch zu viel. Sie hat immer mehr Fehler in den Hausaufgaben gemacht, weil sie sich nicht richtig konzentrieren konnte und sich nicht genug Zeit genommen hat. Manchmal hat sie die Hausaufgaben auch gar nicht gemacht. Für die Tests und Klassenarbeiten hat sie auch nicht mehr richtig gelernt.

Nach dem ersten halben Jahr der dritten Klasse hat sie in den meisten Fächern nur noch Dreien gehabt, in Mathe sogar eine Vier. Mama und Papa waren sehr erschrocken über das Zeugnis. Nur in Kunst, Musik und Sport hatte Svenja noch sehr gute Noten. „Wie kommt denn das? Macht dir die Schule keinen Spaß mehr?“, hat Papa gefragt, als er mal zu Hause war.

„Doch, schon“, hat Svenja geantwortet, „aber es wird eben alles viel schwerer jetzt.“ Papa hat versucht, sie zu ermuntern: „Das ist so mit der Schule. Und es wird noch viel schwerer. Aber für dich ist das alles nicht zu schwer. Du schaffst das. Du musst nur an dich glauben. Und vor allem musst du lernen. Ohne zu lernen, geht es nicht.“ Papa weiß nicht, was Svenja alles zu Hause macht, wenn er nicht da ist. Sie hat es ihm nicht erzählt, weil sie nicht will, dass er sich Sorgen macht. Und auch Mama hat ihm nichts gesagt. Beide finden: „Er muss auf sich selbst aufpassen, wenn er auf den weiten, gefährlichen Strecken unterwegs ist. Dann soll er nicht noch darüber nachdenken, was bei uns zu Hause los ist.“

Mama ahnt natürlich, warum Svenjas Noten sich so verschlechtert haben. Sie sagt Svenja immer wieder, dass sie lernen muss und sich nicht um den Haushalt kümmern soll, aber Svenja hört nicht auf sie. Eigentlich weiß Svenja, dass ihre Mama recht hat. Aber sie kriegt es einfach nicht hin, sich in Ruhe hinzusetzen und zu lernen, wenn es so viel in der Wohnung zu tun gibt. Und außerdem ist da ja auch noch ihre kleine Schwester, die mit ihr spielen möchte. Inzwischen weiß Svenja auch schon gar nicht mehr, wie sie es schaffen sollte, wieder so gute Noten zu bekommen wie vorher. „Ich habe einfach zu viel verpasst, das hole ich nie wieder auf", erklärt sie ihren zwei besten Freunden. Svenja sieht jetzt ziemlich traurig aus. Sie fügt an: „Ich glaube, das mit dem Gymnasium kann ich vergessen. Da müsst ihr ohne mich hin. Was soll's. Mama und Papa haben auch kein Abitur und haben nicht studiert."

Timo wird jetzt richtig wütend: „Du kannst doch nicht einfach aufgeben! Du kannst dich doch nicht so hängenlassen und alles wegschmeißen!" Auch Denise ist schockiert: „Svenja, was ist bloß los mit dir? Warum lässt du den blöden Haushalt nicht einfach liegen? Ein bisschen Schmutz und Unordnung sind nicht so schlimm wie schlechte Noten. Und Laura kann sich auch wirklich mal allein beschäftigen, damit du in Ruhe deine Hausaufgaben machen kannst! Du musst ihr das nur richtig erklären. Deine Mama und dein Papa finden es bestimmt auch nicht gut, wenn du die Schule vernachlässigst!“ Svenja schaut bedrückt zu Boden. Dann sagt sie: „Es wäre alles nicht so, wenn Papa da wäre. Uns fehlt einfach jemand zu Hause. Und das ist Papa.“ Svenja weint jetzt fast. So deutlich hat sie noch nie ausgesprochen, was sie in Wirklichkeit denkt. Ja, sie vermisst ihren Papa sehr. Sie wünscht sich eine Familie mit einer Mama und einem Papa, die sie beide jeden Tag sieht.

Denise nimmt Svenja in den Arm. Timo sagt energisch: „Das mag ja sein. Aber es ist nicht deine Aufgabe, dich um alles zu kümmern. Du musst auch auf dich selbst achten. Mir reicht es jetzt. Ich gucke mir das nicht länger mit an.“ Denise schaut Timo erschrocken an: „Was soll das denn jetzt heißen?“ Svenja weint jetzt wirklich. Timo beruhigt die beiden Mädchen: „Ich meine nur, wir müssen eine Lösung finden. Und ich glaube, ich habe auch schon eine Idee.“ Svenja und Denise sehen ihren besten Freund gespannt an. Timo erklärt: „Svenja, wir kommen nachmittags mit zu dir nach Hause. Natürlich holen wir vorher Laura vom Kindergarten ab. Dann essen wir alle etwas zusammen, aber danach setzt du dich an deine Hausaufgaben. Einer von uns hilft dir dabei. Und der andere kümmert sich um den Haushalt, wenn es denn wirklich etwas zu tun gibt. Es muss nicht immer alles blitzblank sein."

Svenja schaut ihn zweifelnd an: „Und was ist mit Laura? Und mit euren eigenen Hausaufgaben?" Timo antwortet: „Um unsere Hausaufgaben mach dir mal keine Sorgen. Dafür findet sich später noch Zeit oder wir machen sie einfach gleich zusammen. Und Laura kann auch mal allein spielen oder malen. Das muss sie lernen. Und sonst können ich oder Denise uns immer noch um sie kümmern. Wichtig ist jetzt, dass deine Noten wieder besser werden. Sonst kannst du das mit dem Gymnasium knicken. Das wäre doch schade, oder?" Svenja nickt. „Okay, lasst es uns versuchen“, sagt sie. Dann fügt sie noch an: „Danke!“

Und so wird es gemacht. Gleich heute kommen Denise und Timo mit zu Svenja und Laura nach Hause. Alles läuft wie besprochen. Nach dem Essen setzt Svenja sich an ihren Schreibtisch. Sie hat Hausaufgaben in Deutsch und Englisch und außerdem steht eine Mathearbeit an.

Ein wenig überfordert fühlt sie sich, aber sie will ihr Bestes versuchen. Timo bringt inzwischen den Müll herunter und Denise geht mit Laura in ihr Zimmer. „Na, kommst du klar?“, fragt Denise nach einer Weile durch den Türspalt. Sie fügt an: „Laura malt gerade. Sie hat mir versprochen, ganz ruhig zu sein.“ Svenja bittet Denise nun doch um Hilfe. Und plötzlich ist alles gar nicht mehr so schwer. Auch Timo kommt dazu.

Die Hausaufgaben sind schnell erledigt und dann lernen die drei Freunde noch für Mathe. „Siehst du, du kannst das doch!", sagt Timo zu Svenja. Svenja lächelt. Sie fühlt sich besser. Nach dem Lernen ist sogar noch viel vom Nachmittag übrig. Denise sagt mahnend: „Svenja, du schaust jetzt aber bitte nicht, ob du noch irgendwo was putzen kannst. Wir drei schnappen uns jetzt Laura und gehen alle zusammen raus, unten auf die Wiese und spielen Fußball! Keine Widerrede!" Svenja lacht. So gut hat sie sich schon lange nicht mehr gefühlt.

Am Abend erzählt sie ihrer Mama von Timos Idee und ihrem schönen Nachmittag. Mama freut sich sehr, dass Svenja so viel Spaß hatte und in der Schule besser klarkommt. Aber sie fragt sich auch: „Ist es richtig, dass die Freunde meiner Tochter sich hier um alles kümmern, während mein Mann weit weg ist und ich auch den ganzen Tag arbeite?" Svenja scheint Mamas Gedanken zu lesen. Sie sagt:

„Auf die Dauer geht es so natürlich nicht. Du und Papa, ihr müsst mehr zu Hause sein. Vor allem muss Papa mehr zu Hause sein.“ Svenja fühlt sich auf einmal stark und kann offen sagen, was sie denkt. Mama antwortet: „Du hast recht. Aber es ist schwierig, eine andere Arbeit zu finden. Und wir müssen nun mal beide arbeiten, um genügend Geld zu haben.“

Svenja fragt: „Kann Papa denn wirklich nur LKW fahren? Hat er nie was anderes gemacht?“ Mama sagt: „Doch, er hat früher in Schweden als Raumausstatter gearbeitet. Das ist der Beruf, den er gelernt hat.“ Als sie Svenjas fragenden Blick sieht, erklärt sie: „Raumausstatter sind Leute, die Wohnungen und Häuser einrichten. Sie verlegen den Fußboden, hängen Gardinen auf, gestalten die Wände und so etwas. Aber sie beraten die Leute auch und suchen die Sachen zusammen mit ihnen aus.“

„Ach, deshalb sieht es in unserer Wohnung so schön aus!", ruft Svenja. Dann fragt sie: „Aber warum macht Papa das denn nicht mehr?" Mama erzählt: „Papa ist ja nach Deutschland gekommen, nachdem wir uns kennengelernt haben.

Aber er konnte damals noch fast kein Wort Deutsch. Wir haben nur Englisch miteinander geredet. Er hat dann versucht, hier eine Arbeit zu finden, aber keine Firma wollte ihn für sich arbeiten lassen, weil er kein Deutsch konnte. Und weil er dringend Geld verdienen musste, hat er dann eben als LKW-Fahrer angefangen. Das war das Einzige, was er machen konnte."

Svenja schaut ihre Mama erstaunt an: „Aber Papa kann doch richtig gut Deutsch!" Mama antwortet: „Ja, jetzt, nachdem er schon fast 15 Jahre hier wohnt. Aber früher war das eben nicht so." Svenja guckt immer noch erstaunt: „Und warum hat er dann nicht später versucht, hier wieder als Raumausstatter zu arbeiten?" Nun sieht Mama erstaunt aus. „Gute Frage", sagt sie. Für einen Moment schweigen beide. Dann sagt Mama: „Ich glaube, darüber hat er gar nicht nachgedacht. Er hat sich damit abgefunden, LKW zu fahren."

Vier Tage später ist Papa endlich mal wieder zu Hause. Svenja hat inzwischen die Mathearbeit geschrieben und auch schon wiederbekommen. Sie hat eine Zwei! Freudig erzählt sie ihrem Papa gleich davon, als er zur Tür reinkommt. Und Papa freut sich mit ihr. „Siehst du, ich hab dir doch gesagt, du schaffst das alles! Jetzt geht es wieder aufwärts! Und dann kannst du doch noch aufs Gymnasium!" Svenja nickt: „Ja, das will ich unbedingt. Ich will es schaffen. Timo und Denise helfen mir dabei. Ich hab mich in letzter Zeit nicht genug um die Schule gekümmert. Aber ab jetzt mache ich das wieder."

Mama ist auch dabei und Laura natürlich auch. Die ganze Familie nimmt sich in die Arme.

Aber dann sagt Svenja: „Papa, warum bist du eigentlich LKW-Fahrer?" Papa schaut sie erstaunt und bedrückt an. Er erklärt: „Es gibt für mich keine andere Arbeit." Svenja schüttelt empört den Kopf: „Doch, die gibt es. Du musst nur an dich glauben. Du warst doch mal Raumausstatter, früher in Schweden. Das hat Mama mir erzählt. Du kannst doch wieder in dem Beruf arbeiten!"

Papa schaut Svenja an, dann Mama, dann wieder Svenja. Dann sagt er: „Wie soll ich denn da Arbeit finden? Ich habe das doch damals versucht, als ich nach Deutschland gekommen bin." Jetzt sagt Mama auch etwas: „Ja, aber damals konntest du kein Deutsch. Das war der Grund, warum du keine Arbeit gefunden hast. Aber inzwischen kannst du doch richtig gut Deutsch. Versuch es doch einfach nochmal.“ Svenja nickt: „Ja, du musst es versuchen.“ Und auch Laura ruft: „Ja, Papa, versuch es!“

Papa fühlt sich ein wenig überrumpelt: „Na, ihr denkt euch ja Sachen aus, wenn ich unterwegs bin. Ich weiß nicht. Ich habe so lange nicht mehr in dem Beruf gearbeitet.“ Svenja guckt ihren Papa streng an: „Du hast zu mir gesagt, ich muss an mich glauben und dann schaffe ich alles. Jetzt musst du an dich glauben. Dann schaffst du das auch!“ Nun muss Papa lachen: „Na, wenn du mir das so überzeugend sagst, dann muss ich es wohl versuchen.“ Mama lacht auch: „Ja, und wisst ihr was? Ich werde auch versuchen, eine andere Arbeit zu finden, die hier in der Nähe ist.“ Svenja und Laura sind sehr glücklich. Mama und Papa sehen sich an und denken beide: „Na, ob das wohl klappt?“

Es klappt. Zwei Wochen später hat Papa eine neue Arbeit als Raumausstatter gefunden. Viel Geld verdient er da zwar auch nicht, aber die Arbeit ist viel schöner als das LKW-Fahren. Mit seinen neuen Kollegen fährt er nun zu Leuten in der Stadt, die sich ihre Wohnung oder ihr Haus schön einrichten lassen wollen.

Er muss keine weiten, gefährlichen Strecken mehr fahren und sieht seine Familie jeden Morgen und jeden Abend und auch am Wochenende. Auch Mama findet bald eine Arbeit, zu der sie nicht so weit fahren muss. Alle sind überglücklich. Papa sagt zu Svenja: „Danke, dass du an mich geglaubt hast.

Es ist komisch, aber ich habe echt gedacht, dass ich nur noch LKW fahren kann." Svenja lacht: „So, wie ich dachte, dass ich nicht mehr gut in der Schule sein kann. Sag lieber Timo und Denise danke. Ohne sie hätte ich nicht angefangen, zu lernen, und dann hätte ich dir auch nicht gesagt, dass du dir eine neue Arbeit suchen sollst." Mama sagt: „Ja, du hast echt

Glück, dass du solche tollen Freunde hast." „Und wir alle haben Glück, dass wir uns haben und uns jetzt jeden Tag sehen!", fügt Svenja an.

Denise und Timo kommen immer noch nach der Schule zu Svenja, um mit ihr zusammen die Schulaufgaben zu machen und mit Laura zu spielen. Manchmal helfen sie auch noch ein bisschen im Haushalt.

Aber das meiste machen jetzt Svenjas Mama und Papa, denn sie haben ja jetzt viel mehr Zeit. Und alle sind sich einig: „Mit dem Putzen und Aufräumen muss man es nicht übertreiben. Es gibt Wichtigeres."

Da Mama und Papa nun immer schon nachmittags um fünf Uhr zu Hause sind, können sie sich auch viel mehr um die kleine Laura kümmern und Svenja hat endlich wieder Zeit, um mit Denise und Timo zu dritt etwas zu machen. Und auch in der

Schule gibt es eine gute Nachricht. Svenjas Noten sind viel, viel besser geworden.

Inzwischen ist sie in der vierten Klasse und alles sieht gut aus für den Sprung aufs Gymnasium. Sie hat sich fest vorgenommen, mit ihren beiden besten Freunden zusammen das Abitur zu machen. Aber was noch wichtiger ist: Die Freundschaft der drei wird auf jeden Fall für immer halten. Svenja, Denise und Timo haben sich geschworen: „Wir bleiben zusammen und lassen uns niemals im Stich!“

Wir danken Ihnen für Ihr Interesse und Ihr Vertrauen. Als Dankeschön dafür, haben wir eine besondere Überraschung. Wir haben **100 Motivationssprüche, die Mädchen stark machen – inklusive 20 Übungen für mehr Mut und Selbstbewusstsein** für Sie. Und dieses erhalten Sie vollkommen kostenlos. Das klingt wunderbar? Dann warten Sie nicht lange und holen Sie sich Ihr Gratis-Geschenk.

Hier geht es zu Ihrem Gratis-Geschenk:

https://forms.gle/R32YeVTNJ29nEz6f8

1. **Öffnen Sie die Kamera-App auf Ihrem Smartphone und richten Sie die Kamera auf den QR-Code.**
2. **Klicken Sie auf den Link, der Ihnen angezeigt wird und schon werden Sie zur Website weitergeleitet.**

Impressum

Herausgeber: Pegoa Global Media GmbH / Am Sandtorkai 27 / 20457 Hamburg
Kontakt: kontakt@pegoamedia.de
Coverbild: Shutterstock

Haftungsausschluss:
Die Nutzung dieses Buches und die Umsetzung der enthaltenen Informationen, Anleitungen und Strategien erfolgt auf eigenes Risiko. Der Autor kann für etwaige Schäden jeglicher Art aus keinem Rechtsgrund eine Haftung übernehmen. Haftungsansprüche gegen den Autor für Schäden materieller oder ideeller Art, die durch die Nutzung oder Nichtnutzung der Informationen bzw. durch die Nutzung fehlerhafter und/oder unvollständiger Informationen verursacht wurden, sind grundsätzlich ausgeschlossen. Rechts- und Schadenersatzansprüche sind daher ausgeschlossen. Dieses Werk wurde sorgfältig erarbeitet und niedergeschrieben. Der Autor übernimmt jedoch keinerlei Gewähr für die Aktualität, Vollständigkeit und Qualität der Informationen. Druckfehler und Falschinformationen können nicht vollständig ausgeschlossen werden. Es kann keine juristische Verantwortung sowie Haftung in irgendeiner Form für fehlerhafte Angaben vom Autor übernommen werden. Die bereitgestellten Analysen, Vorschläge, Ideen, Meinungen, Kommentare und Texte sind ausschließlich zur Information bestimmt und können ein individuelles Beratungsgespräch nicht ersetzen. Alle Informationen dieses Buches entsprechen dem Kenntnisstand zum Zeitpunkt des Verfassens dieses Buches. Eine Haftung für mittelbare und unmittelbare Folgen aus den Informationen dieses Buches ist somit ausgeschlossen.
Informieren Sie sich weitläufig aus unterschiedlichen Quellen und bedenken Sie, dass am Ende nur Sie für die Entscheidungen verantwortlich sind.

Haftung für externe Links:
Unser Angebot enthält Links zu externen Websites Dritter, auf deren Inhalte wir keinen Einfluss haben. Deshalb können wir für diese fremden Inhalte auch keine Gewähr übernehmen. Für die Inhalte der verlinkten Seiten ist stets der jeweilige Anbieter oder Betreiber der Seiten verantwortlich. Die verlinkten Seiten wurden zum Zeitpunkt der Verlinkung auf mögliche Rechtsverstöße überprüft. Rechtswidrige Inhalte waren zum Zeit-punkt der Verlinkung nicht erkennbar.